大好き！おじさん文庫

深山さくら

もくじ

学校名表記について

一九六五年の開校当初は、山形県東田川郡羽黒町立第四小学校でしたが、二〇〇五年、鶴岡市と羽黒町の合併で鶴岡市立羽黒第四小学校となりました。文中は、羽黒第四小学校の校名で統一しています。

プロローグ

一九七三年、夏。

山形県（やまがたけん）の羽黒第四（はぐろだいよん）小学校の花だんでは、ヒマワリがきれいな花をさかせていました。

「テントをはる場所（ばしょ）は、このへんがいいかな？　木かげだからすずしいよ。みんな、どうだろう？」

ひとりの青年が、みんなに聞きました。

青年は、二十七歳（さい）。夏休み中の小学校で、なかまたち数人と小さなグラウンドを見て回っていました。木々（きぎ）の間を、すずしい風が通りぬけていきます。

「うん、テントはここがいいね。場所（ばしょ）は決（き）まりだ！」

なかまのひとりがいいました。

青年たちは、地区青年部の夏のキャンプを、小学校のグラウンドですることになっていて、その前に小学校の様子を見に来ていたのです。

「次は、校舎だね。いろいろ見せてもらおうよ。」

青年となかまたちは、グラウンドをあとにしました。

しょうこう口で出むかえてくれた先生が、校舎の案内をしてくれました。

「ここは、一年生の教室です。キャンプ中には、教室に入らないでくださいね。ほかの教室も入らないようにお願いします。」

「ここは、おてあらいです。どうぞお使いください。」

キャンプ中に入っていい場所やだめな場所を、先生から教えてもらいながら、ろうかを歩いていると、小さな本だなに目がとまりました。

(何だろう?　ろうかに本だなって?)

青年は、ふしぎに思いました。

二つならんだ本だなには、表紙のやぶれた本や、ざっしなどが、ばらばらに置かれています。みんなは、とくに気がつかないようです。

「先生、これは何ですか？」

青年は思いきって聞いてみました。

すると、先生は立ち止まり、ふりむいていいました。

「あっ、これ？　本ですよ。」

「本？　本なのはわかるんですけれど、だれかのわすれものですか？」

青年は、感じたことをいいました。

「いえいえ、図書ですよ、子どもたちの。」

いっている意味が、青年にはわかりません。

少したってから、また質問しました。

「図書室に置けない本を、ろうかに置いているんですね。」

すると、びっくりする答えが返ってきたのです。

「というより、これが図書室みたいなもので、子どもたちが読むんです。」

「えっ？　これが図書室？」

　青年は、自分が卒業した小学校の図書室を思いだしました。一つの教室が図書室になっていて、本がたくさんならんでいました。

（うちとは、ぜんぜんちがうなあ！　ここは児童数も少ないんだろうけれど。）

　先生に聞いてみると、学校が子どもたちの本を買うために使えるお金は、多くないようです。

（それにしても、これじゃ、子どもたちがかわいそうだなあ。読書は、子どものうちから、いっぱいしたほうがいいのに。）

　青年の気持ちが伝わったのでしょうか、先生がいいました。

「小学校の大きさによって、本の数はちがいますよね。」

「ええ、まあ、そうでしょうね。」

　青年は、そういうしかありませんでした。

グラウンドでキャンプをしたときにも、青年は校舎のろうかに置かれた二つの本だなを見ました。

それからときどき、青年は本だなのことを思いだすのです。

青年の通った小学校には、本がたくさんならんだ図書室があったのに、青年はぜんぜん本を読みませんでした。

（くらしの中のことや、世界のことなど、いろんなことを知ることができるのに。）

青年が本から学ぶことがとても多いと感じたのは、はたらきはじめてからです。大人になり仕事についた今になって、知らないことが多すぎて、とても苦労をしていました。

（子どものとき、もっと本を読んでいたら！）

青年はこうかいしていました。

1　みどりの森の赤丸シール

二〇一五年の春。

「おはよう！」

「おはよう！」

朝です。

山形県鶴岡市（やまがたけんつるおかし）にある羽黒第四（はぐろだいよん）小学校に、子どもたちが登校（とうこう）して来ました。

しょうこう口で、明るく元気なあいさつをかわし、まっさきに向（む）かうのは一階（かい）にある図書室です。

教室より先に立ちよってしまうのは、朝から本が読みたくてたまらないからです。今日はどんな本を読もうかと、うずうずしています。

子どもたちはランドセルをせおったまま、今日読む一冊目（さつめ）の本を、図書室の本だなから選びだします。

「ぼく、これにしようっと。」

そういっているのは、こわい本が大好きな、六年生の井川愛翔くんです。

図書室に、次から次へと子どもたちがやって来ます。ほとんどの子どもが、ランドセルをせおったままです。

立ち読みしている子がいます。つくえで熱心に読んでいる子がいます。

六年生の今井祐花さんと丸山真白さんのすがたもあります。

どれがいいかな？　となやんでいる新一年生を、手伝っている上級生がいます。

どの子の顔もいきいきとしています。

図書室内のふんいきは、とてもさわやかです。大きなまどから、すがすがしい風が入ってきて、明るい日がさしこんでくるのですが、それだけではなさそうです。

たくさんの本がきれいに整理（せいり）されならんでいる、図書室の本だな。

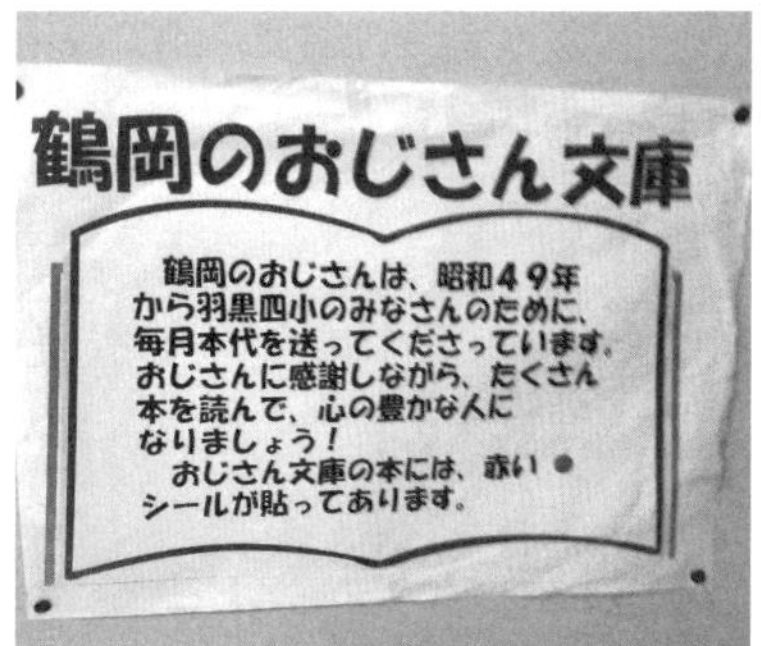

「おじさん文庫（ぶんこ）」の紹介（しょうかい）（上）。
さわやかなふんいきのする、明るい図書室（左）。

室内は広く、グループ学習ができるような大きなテーブルと、子どもたちがすわるいすが置かれています。

かべにそっていくつもの本だながならび、それらの本だなにはたくさんの本が立ててあります。児童数が二十四名の小さな小学校なのに、図書室には本がたくさんあります。

「おはよう！」

図書室に、教頭の佐藤寿尚先生が入ってきました。

「あっ、教頭先生！　おはようございます。今日は、どれにするの？」

五年生の子に聞かれて、佐藤先生はにこやかにいいました。

「今日は、絵本にしようかな。何か、おすすめはあるかい？」

ずらりとならんだ本の中から一冊の絵本を選びだすと、その子はいいました。

「これはどう？　おもしろかったよ。」

「いいねー。先生も読んでみよう。」

うれしそうにして答えると、佐藤先生は本を受け取りました。

その絵本に、赤丸シールがはってあります。「本の背」の下のほうにはってあるので、タイトルはちゃんと読めます。

本だなにならんだ多くの本に、赤丸シールがはってあります。はったばかりで、赤色がこいシールや、はってから時間がたって日にやけ、赤色がうすくなっているシールもあります。

この赤丸シールは、子どもたちが大好きな「おじさん文庫」の印です。

「おじさん文庫」って、いったい何でしょう?

赤丸シールは、「おじさん文庫」の印。新しい本がまたいっぱい入ったよ！

ここ羽黒第四小学校は、山形県鶴岡市の山あいにある、小さな小学校です。児童数は、一年生から六年生まですべてたして、二十四名。六つの集落から、歩いたりスクールバスに乗ったりしてやって来ます。子どもたちはみんな友だちです。

校章は、みどりの森がモチーフです。六つの集落がなかよく力を合わせて、すばらしい学校にしよう、という強い願いがこめられているのです。

一年と二年は一クラスずつありますが、三年生と四年生、五年生と六年生は、同じ教室で学習しています。

教職員は、河井伸吾校長先生をはじめ、全員で十二名います。

小学校の北東には羽黒山が、南には月山と湯殿山がどっしりとひかえています。これらの山々は、出羽三山とよばれ、むかしから信仰の山としても知られています。

「こだまの里」にある、羽黒第四小学校。後ろには、月山がひかえている。

学校があるこの地域は、いつのころからか「こだまの里」とよばれるようになりました。「こだま」とは、やまびこのこと。この土地でくらす人びとの会話が広がり、ひびきあうことからとったのでしょうか。

子どもたちは、こだまの里の子どもたち、ということで、「こだまっ子」とよばれています。

2　春にやってきた手紙

二〇一五年からさかのぼること四十一年。一九七四年四月のことでした。こだまの里にもようやくおそい春がやってきて、サクラの花がちらほらとさきだしていました。

一通の手紙が、新学期をむかえた羽黒第四小学校にとどきました。差し出し人の名前はありません。ふうとうのうらには、「鶴岡市」とだけ書かれてありました。

「何だろう?」

ひとりの先生が、おそるおそる開けてみました。

「おや?　お金だ!」

千円札が二まい、入っていました。

毎月、本代を送ります。

このお金を、本代に使ってほしいということでしょうか？

「いったい、どういうことなんだ？」

手紙には、「自分は、※育英資金を借りて学校を卒業しました。社会から受けたあたたかいご恩に、少しでもむくいたいと思っています。学校を卒業してはたらいていましたが、このごろやっとゆとりができましたので、毎月、本代を送ります。」とありました。

（手紙を送ってきた人の気持ちはわかるけれど、そんなにかんたんには使えないなあ。）

校長先生は、どうしたものかと、うで組みしました。

「手紙には書かれていないが、羽黒第四小学校の卒業生かな？　本が少ないことを知っているのだろうか?」

図書室とよべるようなものはなくて、小さな本だなが二つ、ろうかに置かれているだけです。

手紙に、「毎月、本代を送ります。」と書かれていたように、次の月も手紙とお金がとどきました。名前はありませんでした。

次の月も、その次の月もとどきました。お金といっしょに、図書券が一、二まい入っていることもありました。

校長先生は、本だなのところに行きました。

「毎月送ると書いてあった通りだ。この人は、まじめな人かもしれないな。ここに本がずらっとならんだら、子どもたち、はしゃぐだろうなあ。」

子どもたちのよろこぶ顔が、頭にうかびます。

「よし、まずは先生たちと相談だ!」

校長先生は、ぱたぱたとろうかをもどって行きました。

その人からとどく手紙は、こだまの里の今を知っているかのような季節のあいさつからはじまり、読書はどうして大切なのかなど、子どもたちに伝えたいことが、きれいな字で書かれていました。

手紙は、先生たちが教室で子どもたちに読んで聞かせました。読み終わった手紙は校内にはりだし、子どもたちがいつでも見られるようにしました。

「だれなのかなあ？」

「ぼくたちのせんぱいかな？」

手紙がとどくたび、子どもたちが考えるのは、そのことです。

自分の家族のことにふれていることもありましたが、自分がだれなのかわかるようなことや、ヒントになることは、何一つ書かれていませんでした。

ただ、自分のことを「小生」と書いていました。

小生とは、男の人が自分をさすときに使うことばです。

仕事についていて、はじめて自分の生活にゆとりが出たというのだから、学校を卒業したばかりではなく、はたらきざかりの男の人なのでしょう。

一通目の手紙がとどいてから半年がすぎ、十一月になりました。こだまの里にも、初雪がまうころです。

そんなある日のこと、こんな手紙がとどきました。

> 寒くなって、野外遊びもできなくなりましたが、その分、本をたくさん読んで勉強してくださいね。
> 来月はボーナスも出る予定なので、チョッピリ増額します。

「鶴岡市」「小生」「はたらきざかり」「ボーナス」などのキーワードから、この人のことを、子どもたちは「鶴岡のおじさん」と、よぶようになりました。

月に一回、きちんととどく手紙とお金のことを、子どもたちは家で話しました。

「また、きたんだよ！　鶴岡のおじさんの手紙。」

「おじさんは、字がすごくじょうずだよ！」

「元気ですかって、ぼくたちのこと、心配してくれるんだ。やさしいおじさんだね。」

この話は、学校から家、家から地域へと伝わっていきます。

「だれなんだろうね。」

「鶴岡市と書いてあるらしいよ。」

「すごい人がいたもんだ！」

こうして、こだまの里ではひょうばんになっていきました。

※育英資金
勉学意欲があるのに経済的理由によって、修学がむずかしい人に、無利息で奨学金を貸してくれる制度。

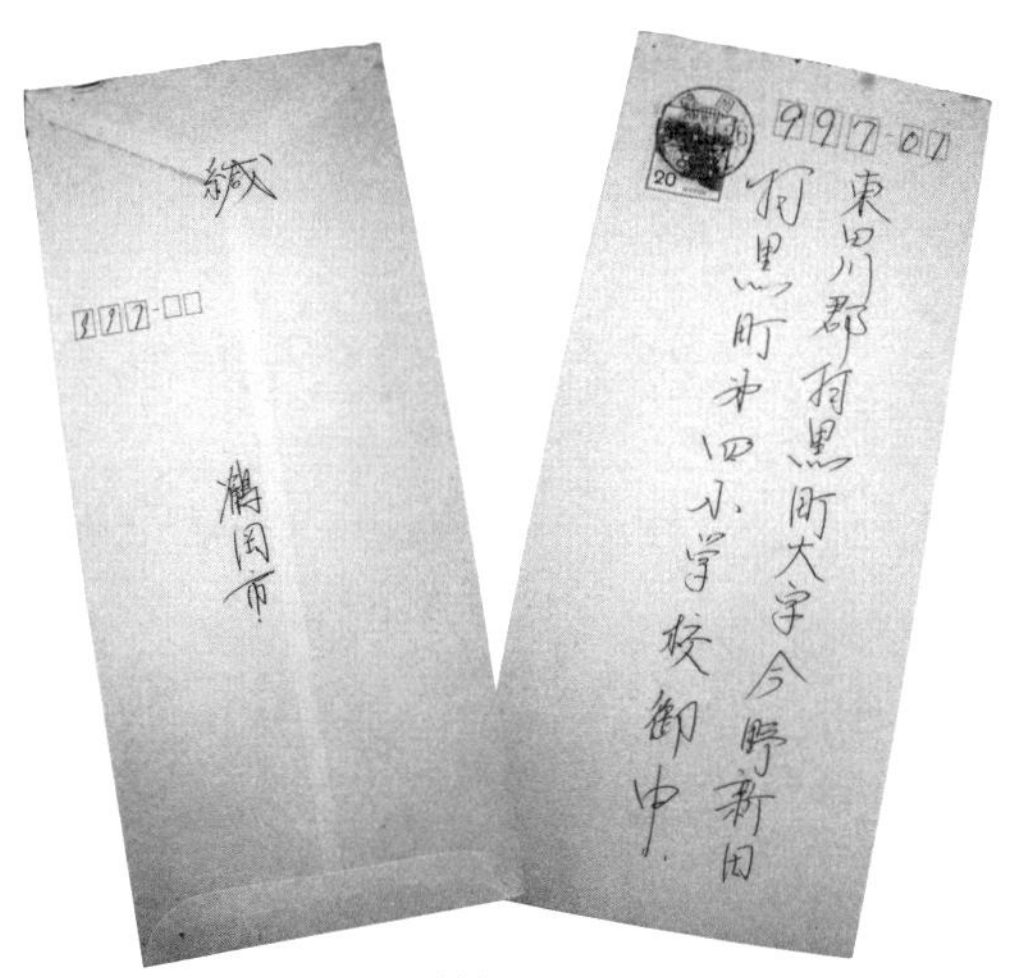

小学校にとどいた「鶴岡（つるおか）のおじさん」からの手紙。

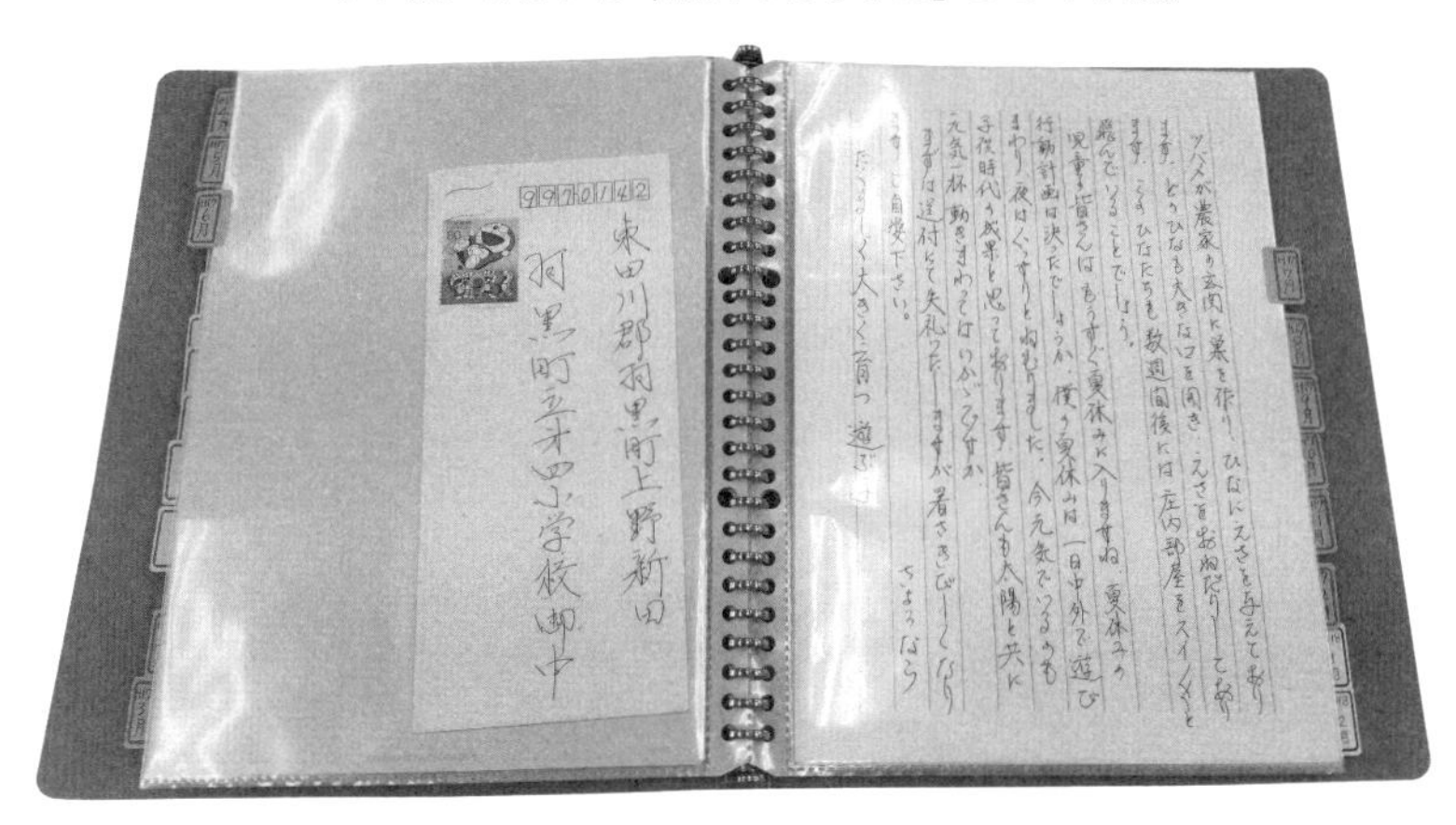

月に一回とどく手紙を、小学校では大切に保管（ほかん）している。

3　二十四冊からはじまった

そんなある日のことです。六年生の子がアンケート用紙を持って、クラスを回っていました。

「鶴岡のおじさんが送ってくれたお金で、本を買うことが決まりました！」

そのことばを聞いたどのクラスでも、うれしそうな声が、わっと上がりました。

「そこで、どんな本が読みたいか、みんなの希望をとりたいと思います。このアンケート用紙に書いてください。本の名前でもいいし、種類でもいいです。」

自分の読みたい本を買ってくれるかもしれないと、子どもたちは目をかがやかせました。

（おれ、マンガにしようっと！）

ある男の子は、大きく「マンガ」と書きました。お母さんにいっても、たまにしか買ってもらえないからです。

子どもたちはそれぞれ、自分の好きな本の名前やジャンルを、アンケート用紙に書きこんでいきました。

集計も、六年生が中心になってやりました。

「どんな本が人気なのかな？」

アンケート用紙には、いろいろなことが書かれています。昆虫図鑑、マンガ、ＳＦ小説、伝記、推理小説、おはなし、いきもの図鑑、むかしばなしの本など。なかには、こんな希望もありました。

（何でもいいので、楽しい本が読みたいな。）

みんなは、思わず笑ってしまいました。

「わかるわかる、その気持ち！」

「希望の本がいろいろあって、決めるのたいへん！」

鶴岡のおじさんからもらった、大切なお金です。先生に相談しながら、一生懸命考えて、買う本を決めました。

新しい本だなも、いっしょに買うことになりました。


本と本だながとどく日がやってきました。

新しい本だなに、一冊、二冊、三冊と、新しい本がならべられていきます。

まわりをとりかこんでいる子どもたちが、うれしそうな声を上げています。

「すごい。ぴかぴかだね！」

「SFがある！　やったあ！」

「早く読みたいなあ！」

わくわくする気持ちが、みんなのことばにも、その表情にもあらわれています。

「マンガはないかー。でも、いいや。おもしろそうな本がいっぱいあるし。」

マンガと書いたあの五年生も、うれしそうにいいました。

こうして、ＳＦ全集と童話全集が、合わせて二十四冊。ずらりとならべられました。

さあ、いよいよ、「鶴岡のおじさん文庫」のスタートです。

この話題は、地元の新聞が「夢もふくらむ文庫　名を告げぬおじさん」として大きくとりあげました。

手紙と本代としてのお金は、それからも毎月とどきました。ときどき、図書券も入っています。また、おじさんがボーナスをもらったと思われる月には、いつもより多めにお金が入っていました。

おかげで、本の数が少しずつふえていきました。

こだまの里がすっぽりと雪におおわれた、一九七五年二月、おじさんから

夢もふくらむ文庫

羽黒町立四小

だんだん本がふえてきた「鶴岡のおじさん文庫」

毎月、欠かさず送金

鶴岡から 名を告げぬおじさん

山の学校のみなさんへ——と、羽黒町立四小（小林七三郎校長）に毎月、きまってお金を送ってくる人がいる。学校では添えられた手紙に従って、本代に当てることにし、文庫をつくった。子供たちは「鶴岡のおじさん文庫」と名付けて、大切にまわし読みしている。

児童が感謝の読書

この思わぬ送金が初めて届いたのは、ことし四月二十日。「私は父が他界してからは民生委員のお世話になり、育英資金を受けて学校を出ました。社会から受けた温かいご恩に少しでもむくいたい。幸い卒業後、就職し、最近になってはじめて余裕ができたので、毎月、本代を送ります」と書いた手紙に二千円を添えて送ってきた。

差し出し人は「鶴岡市」だけで不明。便せん三枚に書かれた手紙の文字は達筆で、文面もすばらしい。学校では、卒業したばかりの人ではないらしい——との推測をした。

その後は毎月、月末になると、二千円から五千円のお金がきちんと送られてきた。「差し出し人不明では——」と当初、扱いにも困った学校でも、「せっかくの好意を生かそう」と児童に披露し、本を買うことにした。これまで送られてきたお金はちょうど二万円。図書係をしている六年生の百瀬文さん（一二）が中心になって、購入図書のアンケートをとったところ、高学年はSF全集、低学年は童話全集の希望が多く、一万六千円を使って、あわせて二十四冊を購入した。図書館内でも独立の本だなに入れることにし、本屋さんに話したところ、半額の三千円でOKという返事を得て、念願の文庫「鶴岡のおじさん文庫」ができ上がった。

このほど届いた十一月分の手紙には「寒くなって屋外遊びもできなくなりましたが、その分、本をたくさん読んで勉強してください。来月はボーナスも出る予定なので、チョッピリ増額します」とあった。手紙にはさらに「読む子の姿、いたく胸をさす」の一句も添えられており、先生も子供たちもこの「鶴岡のおじさん」についてのつきない興味を語り合っている。

「夢もふくらむ文庫のスタート」を報じる新聞記事。
（1974年11月30日・山形新聞）

また手紙がとどきました。

雪合戦やスキーなど元気に遊びまわっていることでしょうね。
自然に生きる動物は強くたくましい。
自然に生きる子どもたちは明るくすばらしい。
大樹は小さな芽から、希望は小さな心から育つ。
大いに遊び、大いに学んでくださいね。

手紙からは、山あいにくらすこだまっ子たちをはげまし、おうえんする気持ちが伝わってきます。

山形県は、雪が多いことでも知られています。羽黒第四小学校があるこの地域もそうです。冬、日本海から強くふいてくる冷たくしめった風が、雪をどっさり運んでくるのです。ひとばんで、数十センチメートルも積もることもあります。

けれど、こだまっ子たちは大雪なんか、ものともしません。よく晴れた日は、雪の積もったグラウンドで、友だちと元気に遊びます。

雪をぎゅっとにぎって雪玉にして、ぶつけ合って遊ぶ「雪合戦」は、子どもたちの間で大人気です。

雪が積もった坂があれば、そりで遊んだり、転げて遊ぶこともできます。

ふり積もった雪を、ただふんでいく雪ふみも、野鳥や野生の動物がつけていった足あとをたどるのも、とても楽しいものです。

鶴岡のおじさんは、自分が子ども時代にした遊びを思いだし、手紙に書いてくれたのでしょう。そんなおじさんを、子どもたちはとても身近に感じていました。

雪がとけはじめると、フキノトウが顔を出します。山々に、ヤマザクラの花がさきだして、こだまの里にあたたかい春がやってきました。

「ひゃっほー！」

「あったかくって、気持ちいいー！」

子どもたちは野山をかけまわり、草をつんで草笛をつくったり、花をつんで指輪や花輪をつくったりして遊びます。また、チョウやカエル、オタマジャクシなど、小さな生き物をつかまえたりして遊びます。

家族といっしょに山へ行き、ゼンマイ、ワラビ、コゴミ、木の芽など、山菜をしゅうかくしたりします。

田んぼの仕事がはじまれば、農家の子どもたちは、田植えや畑仕事を手伝ったりします。

そんなふうに外で遊んだり、大人の仕事を手伝ったりしていると、知らず知らずのうちに、体力がついてくるのです。

鶴岡のおじさんは、じょうぶな体をつくることはもちろん、本を読んでいろいろな知識を身につけてほしいと願っていました。

梅雨が明け、さわやかな夏空が広がった一九七五年七月のある日、おじさんから手紙がとどきました。

> ようやく小生も新しい人生のスタートをきることができます。
> 今までのことを相手に話したら、こころよく受けてくれたので、これからはふたりで続けます。

手紙には、「結婚した」と、はっきりと書かれていませんでしたが、子どもたちはその意味をちゃんとわかっていました。

「どんな女の人かなあ？」

「本が好きかなあ？」

「おじさんのおくさんだもの、きっとやさしい人だよ。」
手紙の最後には、短いことばが書かれていました。

児童のうれしさを、ふたりの小さな手で、はく手する。

この意味は、「子どもたちは、自分の手紙をうれしく待ってくれているだろうか。みんなの笑顔を思いうかべながら、ふたりでよろこびあっていますよ。」でしょう。

これから先も、ふたりでずっと続けていくのだ、というおじさんの強い気持ちが伝わってきます。

本がふえると、図書室にやってくる子どもたちもふえていきました。

ある日の昼休みのことです。二年生の男の子がふたり、図書室にかけこんできました。校庭で遊んでいたら、クワガタムシをつかまえたので、何という名前のクワガタムシか、図鑑で調べるというのです。

図鑑のクワガタムシと、本物のクワガタムシとを見くらべているうちに、答えが見つかったようです。

「ノコギリクワガタだって！」

「おれ、オオクワガタかと思ってた！」

「にてるけど、つのの形がちがうね。」

「うん。でも、つのじゃないよ。あごって、書いてあるよ。」

「あごー！　へーっ！」

知らなかったことを知ったふたりは、図鑑をもとにもどし、うれしそうにばたばたとかけだしていきました。

雨がふって外で遊べない日は、図書室はますますにぎわいます。折り紙の本を見ながら、折り紙を折っている子がいます。つくえの上には、金魚やカ

「おじさん文庫」の本が大好き。熱心に読んでいる子どもたち。

エルなど、できあがった折り紙の作品が山になっています。

あやとりの本を見ながら、友だちとあやとりしている子がいれば、ひとりで静かに本を読んでいる子もいます。

三人で、楽しそうにおしゃべりしている女の子たちがいます。三人の前には、『かんたんマスコット』という、手芸の本が開かれています。

「だれにつくるの？　あっ、もしかして？」

五年生の子がいうと、六年生の子ははずかしそうに首をふっていいました。

「えっ、ちがう、ちがう！　かんちがいしないでよ。わたし、お父さんにつくるんだよ。こんど、お父さんの誕生日なの。」

「お父さんに？　ほんとー？　あの子じゃないの？」

ふたりのやりとりを聞きながら、二年生の子がくすくすと笑っています。

「おじさん文庫」のある図書室は、友だちとのふれあいの場にもなっているようです。

一九七六年十二月にとどいた手紙には、こんなことが書かれていました。


小生(しょうせい)に、今年は、子どもが誕生(たんじょう)しました。

素顔(すがお)を見ていると、みなさんの活動(かつどう)がうかんできます。

良(よ)き父となるために、がんばるつもりです。


子どもたちは、赤ちゃんをだっこしているおじさんのすがたを想像(そうぞう)して、とてもうれしい気持(きも)ちになりました。

「おめでとう！　よかったね！」

「おめでとう、おじさん！」

校内に、明るい声がひびきます。

4　ありがとうを伝えよう！

こうして、本は少しずつふえていきましたが、こまったことになりました。一つの本だなに入りきらなくなり、小学校にもともとあった本や、小学校のお金で買った本と、見わけがつかなくなってしまったのです。

「目印をつけたらどうかな？」

大切な本をきずつけずに、目印をつけようということになり、赤丸シールがえらばれました。「おじさん文庫」の本であることが、ぱっと見ただけでわかるように、「本の背」の下の部分にはるのです。こうすれば、タイトルがかくれて読めなくなることもありません。

これまで買いそろえられた「おじさん文庫」の本はもちろんのこと、そのあともずっと、赤丸シールが取り入れられていきました。

赤丸シールは、「おじさん文庫」の印です。

おじさんから手紙とお金がとどいてから、五年がたち一九七九年になりました。初めてとどいたときに二年生だった子は、小学校を卒業し、中学校へと進学しました。一年生だった子は、もう六年生です。

五年たっても、手紙を送ってくれる人の正体は、なぞのままでした。

月に一回とどく手紙は、すでに六十通をこえています。また、とどけてくれるお金のおかげで、「おじさん文庫」は一五〇冊をこえました。

「何とか、ありがとうの気持ちを伝えることは、できないだろうか？」

「おじさんがだれかわからなくても、やれることはあるんじゃないだろうか？」

職員室では、先生たちのこんな会話がかわされるようになっていました。

あるとき、子どもたちから、こんな意見が出ました。

「もらってばかりじゃよくないよ。どうしたらありがとうが伝えられるか、一人ひとり考えてみよう！」

このことばをきっかけに、子どもたちは登下校のとちゅうや休み時間など、いろいろな場で意見をかわすようになりました。

「本が好きになったこと、知ってもらおう！」

「ありがとうの気持ちを伝えよう！」

学級会の議題にするクラスも出てきました。

そして、あることが計画されました。

子どもたちは、学級会の時間や休み時間などを使って、鶴岡のおじさんの似顔絵をかいたり、おじさんへの手紙を書いたりしました。似顔絵といっても、見たことのないおじさんですから、想像したおじさんの顔です。

かきかけの絵を持ってきて、図書室でかいている子どももいます。

「おじさんには、ひげがあると思う。」

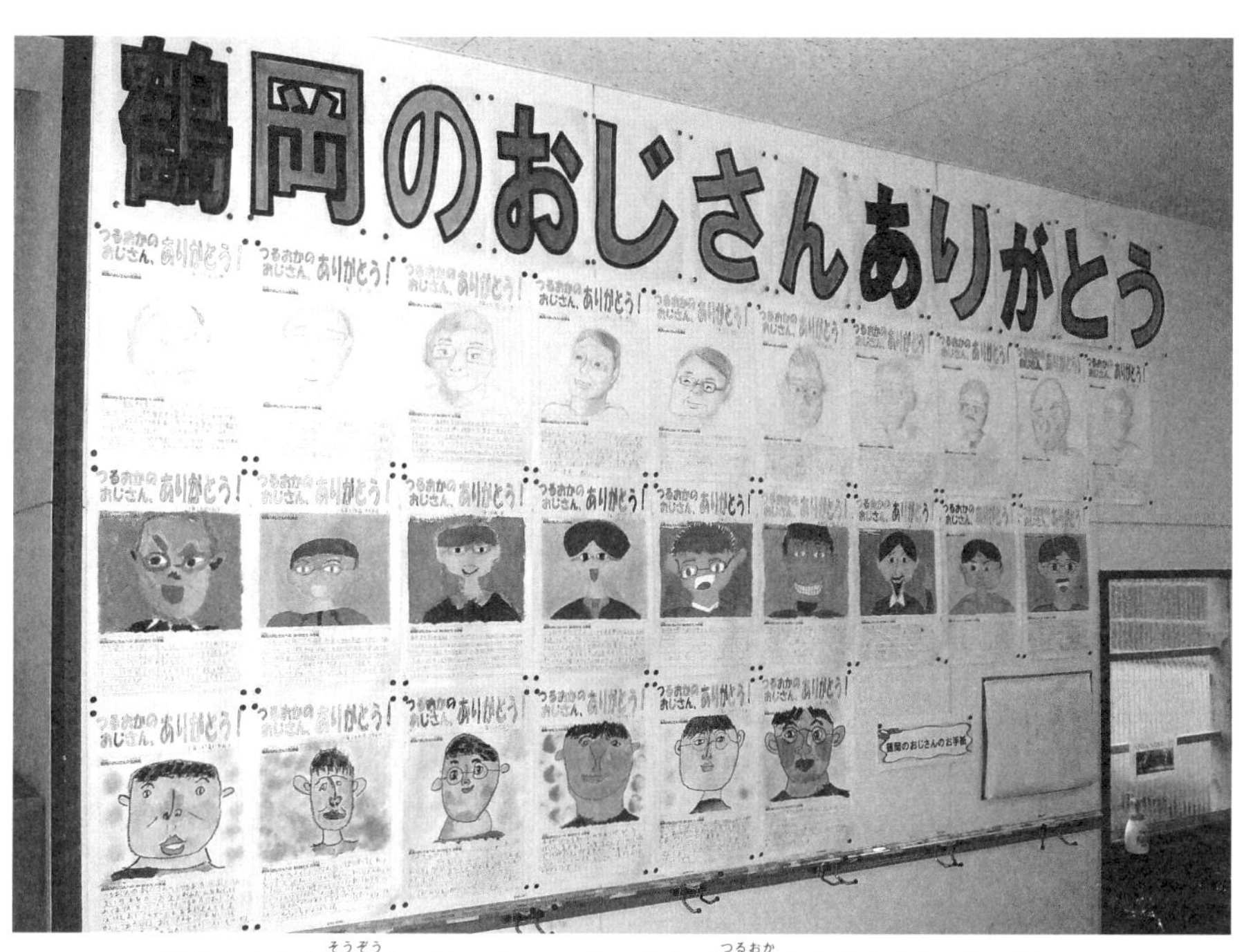

子どもたちが想像してかいた、いろいろな「鶴岡のおじさん」が、ずらり。

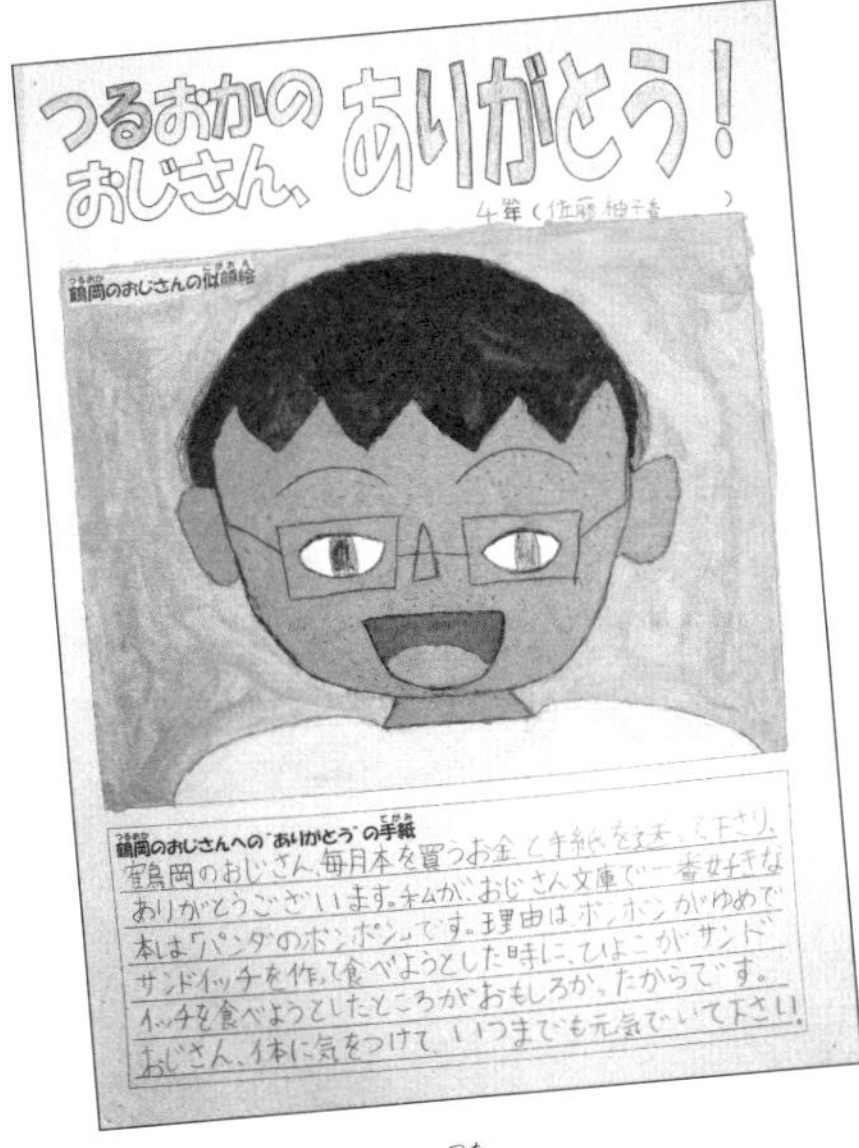

ありがとうを伝えよう！　子どもたちがかいた似顔絵とおじさんへの手紙。

三年生の男の子がかいているおじさんは、りっぱな口ひげをはやしています。

「わたしのおじさんは、目がまん丸だよ。」

二年生の女の子がかいているおじさんは、くりくりとしたかわいらしい目をしています。

子どもたちは、うんと想像力をはたらかせなくてはなりません。

クレヨンをつかんだまま、かけずにいる子どもがいます。一年生の男の子です。その子に、六年生の女の子がそっと近よって、何か耳もとで伝えました。

すると、一年生の顔がぱっとかがやきました。

「うん、わかった！　まねしてかいてみるね！」

そういうと、本だなのところに行き、赤丸シールのついた本を何冊か選びだしました。絵本の絵を参考にして、かいてみようというのです。さあ、どんなおじさんになるでしょうか。

いよいよ、その日がやってきました。木々の葉っぱが色づき、山々が色とりどりによそおいはじめた、十月のことです。

羽黒第四小学校では、「おじさんまつり」が開かれました。おじさんへ、ありがとうの気持ちを伝えたい。そんな思いをあらわすための、初めてのおまつりです。

校内のかべには、子どもたち一人ひとりが、「鶴岡のおじさん」を想像してかいた「おじさん」の似顔絵が、ずらりとはりだされていました。画用紙一まい一まいに、一人ひとりがかいた、いろいろなおじさんがいます。

あの一年生の男の子が、絵本のさし絵を参考にしてかいたおじさんは、めがねをかけ、カラフルなシャツを着ていました。

ほかには、まん丸顔のおじさん、三角顔のおじさん、かみの毛を七三に分けたおじさん、スポーツがりのおじさん、ひげのはえたおじさん、まゆ毛のきりっとしたおじさん、頭のうすいおじさん、ネクタイを結んだおじさん、シャツすがたのおじさんなど、想像力をはたらかせてかいたおじさんはすべて、にこやかな表情をしています。

「校長先生ににてる！」

「すっごい、ひげもじゃだ！」

絵を見ていた三年生の子どもたちが、笑い声を上げたときでした。ふっくらとした大きな男の人が、図書室の前を通りすぎて行くのが見えました。

「もしかして、おじさん？　来てくれたんじゃない？」

だれかがいいだすと、「おじさんだって？」と、数名の子どもがばたばたとろうかに出ていきました。

はたして、「鶴岡のおじさん」でしょうか？　来てくれたのでしょうか？

「あっ！　あの人！」

小学校で開いている「おじさんまつり」。「おじさんって、どんな人かな？」

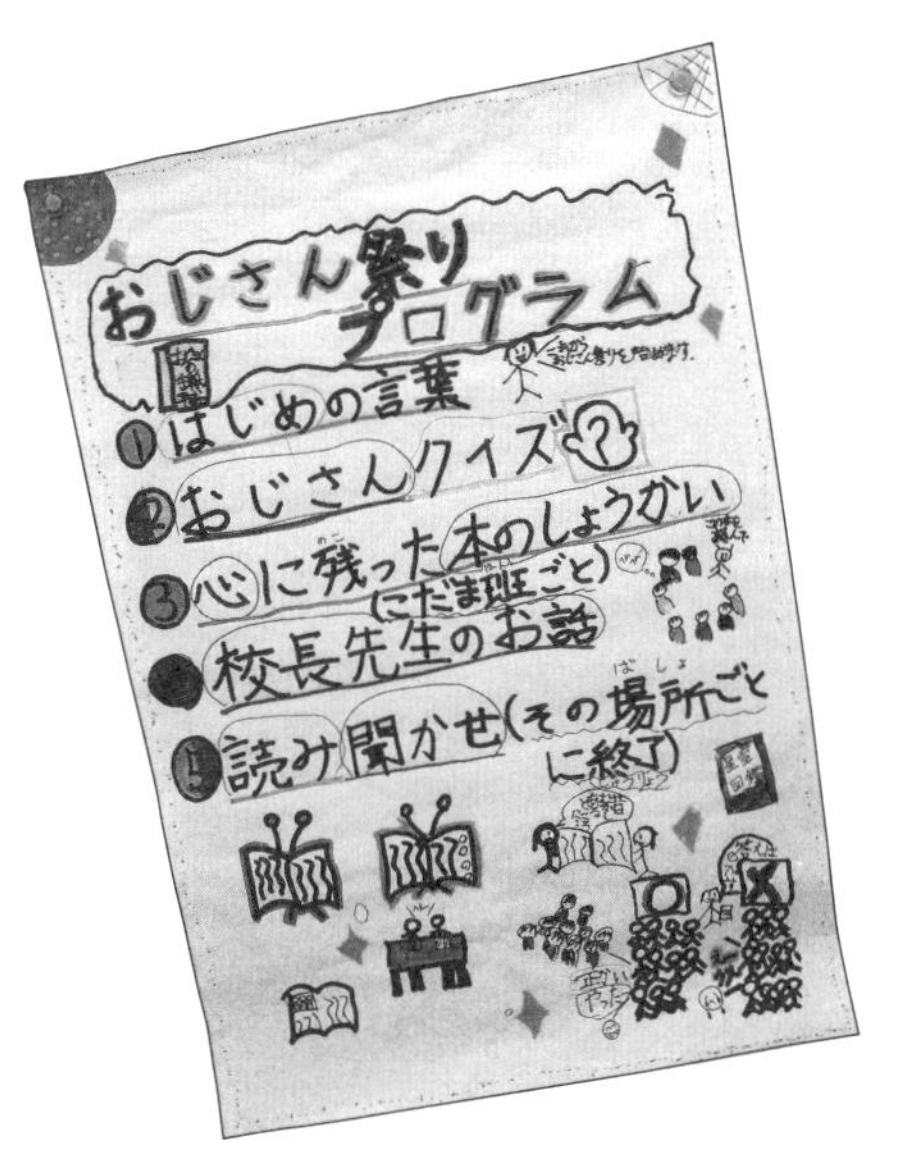

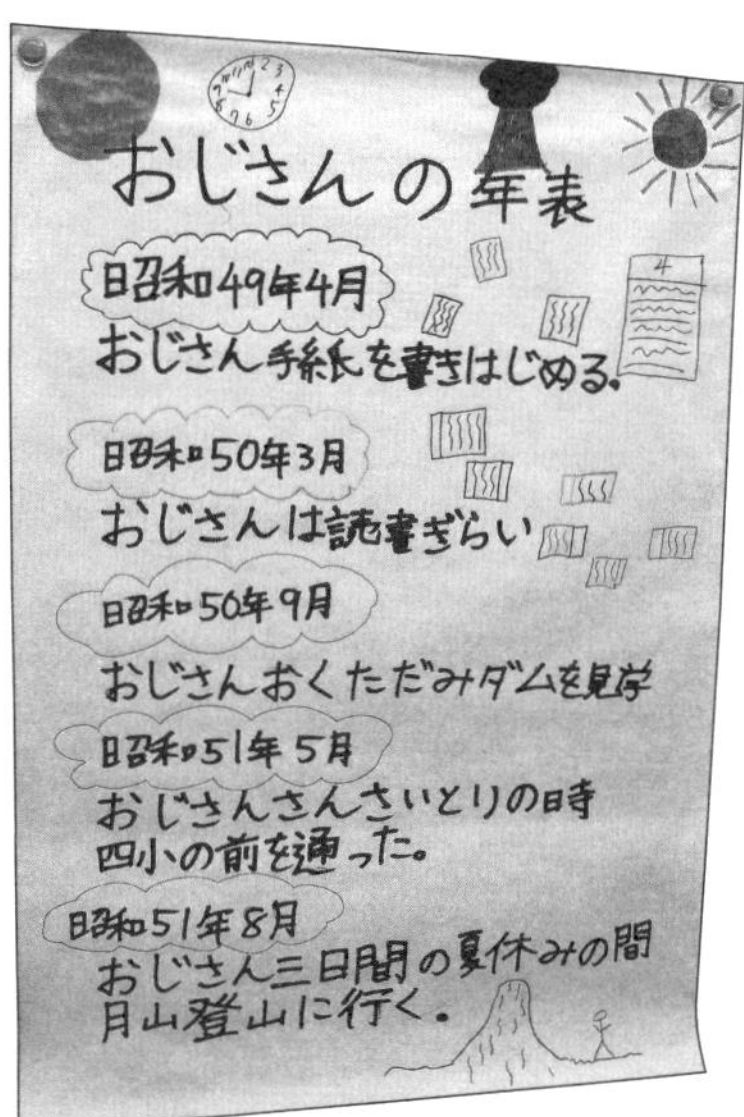

子どもたちがつくった「プログラム」と「おじさん年表」。

ひとりの子どもが、びっくりしたように大きな声を出しました。

「おじさんじゃ、ない！」

「えっ、ちがうの？」

「だって、おれ。あの人、知ってるもん。」

「なあんだ。おどろいて、そんしたー。」

子どもたちの口から、ためいきと笑いがこぼれました。子どもたちは、いつか「鶴岡のおじさん」が来てくれるのでは、とずっと思っているのです。ありがとうの気持ちを伝える「おじさんまつり」を開いても、おじさんはあらわれてはくれませんでした。


その後も、手紙と本代としてのお金は毎月とどきましたが、年が明けても、おじさんはすがたを見せてくれません。

「もう少しで、ぼくたち卒業しちゃうよ。」

「わたしたちがいる間に、出てきてほしいなあ。」

六年生は気が気でありません。

こだまの里は、そろそろ春のおとずれを感じるころになりました。日ざしも明るさをましてきて、雪どけが近そうです。

そんな三月のある日、いつものようにおじさんから手紙がとどきました。


六年生のみなさん、ご卒業おめでとうございます。心よりおよろこび申し上げます。

多分、みなさんが一年に入学したとき、小生が最初の手紙を書いたと思います。

大きな不安と期待をこめて書き続けましたが、今は、給料袋をもらうたびに、みなさんの待ち遠しい顔がうかんでくるので休まず送ることができます。

今は、みなさんに手紙を書けることが、幸福なひとときです。これからもできるかぎり続けていきたいと思います。

子どもたちはよろこんでくれるのかといった不安と、子どもたちはきっとよろこんでくれるだろうという期待が、最初のころのおじさんの気持ちの中にあったようです。

今は、子どもたちのよろこぶ顔がうかんできて、手紙を書くことが幸せだといいます。

結びには、短いことばがのせられていました。

遠き児童の成長　書く手　六年過ぎぬ

（遠いところにいる子どもたちの成長を願いながら、わたしは手紙を書き続けてきましたよ。はじめてペンをとってから、もう六年がすぎました。）

子どもたちの成長をいのる気持ちと、もう一つ、自分がずっと続けてこられたことに、ほっとしている気持ちが伝わってきます。

卒業式の日がやってきました。これから、卒業記念写真をとるのです。

卒業生たちは、雪の残る校庭をバックにして、いすにこしかけていました。

みんなの心には、おじさんのことがうかんでいました。

（とうとう会えなかったけれど、おじさんのおかげで、ぼくは本が大好きになりました。）

（鶴岡のおじさん、わたし、中学校に行っても、本をたくさん読みます。）

（おじさんのことが大好きです。今までありがとうございました。）

今日は小学校の卒業式。「中学校に行っても、本をたくさん読みます。」

（わたしたちが卒業しても、ずっと元気でいてください。）

カメラの用意が整ったようです。カメラマンが明るい声でいいました。

「はい、とりますよ。みなさん、こっちを見てくださーい！」

卒業生たちが、目を上げたときでした。なごり雪がひとひら、ふわふわっとまいおちてくるのが見えました。

5 そのわけが知りたい

こうして、おじさんからの手紙とお金は毎月とどきましたが、一九八一年四月にとどいた手紙には、おどろくことが書かれていました。

> 先日、新聞で先生と児童の活躍を拝読することができました。本当に、なみだが出るほどうれしく、何度も何度もくり返し読みました。

おじさんは、羽黒第四小学校のことを新聞で読み、なみだが出るほどうれしかったと書いていたのです。

いつの記事なのか、またどんなことが書かれていた記事なのかはわかりませんが、自分たちの活動を書いた記事を、何度も読み返してくれたと知り、子どもたちは大よろこびしました。

（もしかしたら、いつかのおじさんまつりのことじゃないかな？）

そう想像しているのは、三年生のある男の子です。二年前に初めて開かれた「おじさんまつり」で、なかなか似顔絵がかけなくて、「おじさん文庫」の本を参考にしてかいたあの一年生は、この四月で三年生に進級していました。

「そうだよ、ぜったい！」

おじさんにありがとうの気持ちを伝えるために、子どもたちが手紙や似顔絵をかいたことが、大きな写真とともに新聞にのったからです。

おじさんからの手紙とお金は、とぎれることなく学校にとどきましたが、おじさんはいぜんとして、子どもたちの前にあらわれてはくれませんでした。

月日は流れ、三年生だったその男の子は、六年生に進級していました。

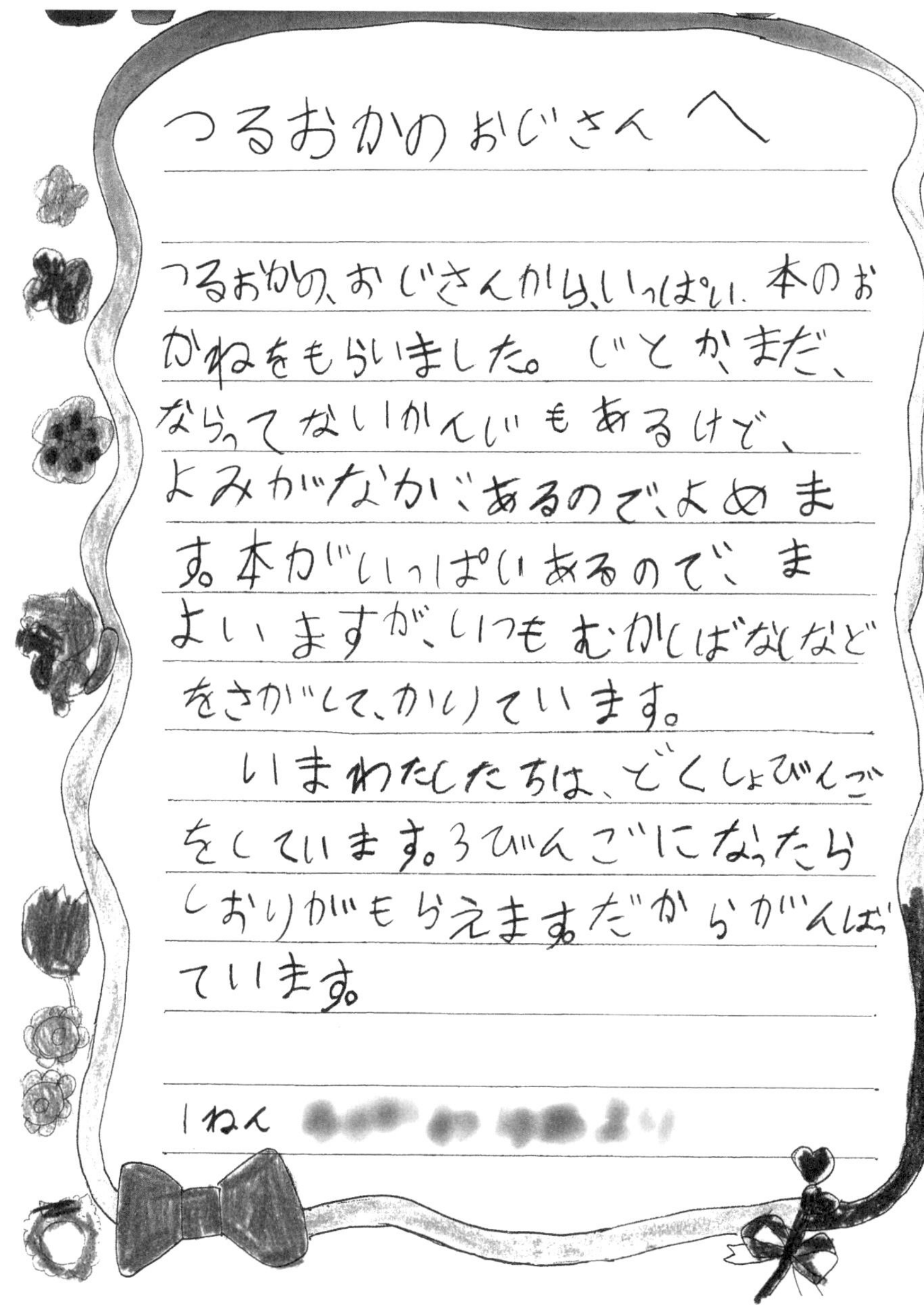
つるおかのおじさんへ

つるおかの、おじさんから、いっぱい本のお
かねをもらいました。じとか、まだ、
ならってないかんじもあるけど、
よみがながあるのでよめま
す。本がいっぱいあるので、ま
よいますが、いつもむかしばなしなど
をさがして、かりています。
いまわたしたちは、どくしょびんご
をしています。3びんごになったら
しおりがもらえますだからがんば
ています。

1ねん

「つるおかのおじさんへ」からはじまる、おじさんにあてた手紙。

（おじさん、ぼくは今じゃ、絵本を見なくたってじょうずにかけるんだよ。）

毎年のように行われている「おじさんまつり」でかく似顔絵は、おでこにしわはふえていくものの、やさしいひとみは変わりませんでした。

「おじさん、とうとう会えなかったね。」

あしたは、もう卒業式です。「おじさん文庫」とも、お別れしなくてはなりません。けれど、「おじさん文庫」のほとんどの本を読み終えた今は、気持ちがとても晴れやかでした。

（おじさん、ありがとうございました。会えなかったけれど、おじさんのことはいつも心の中にありました。ぼくは、本が大好きです。）

中学校に進学しても、好きな歴史や社会の本をたくさん読みたいと思っています。

手紙と本代としてのお金が学校へとどきはじめてから、十一年目に入った一九八五年夏のことです。学校が夏休みでも、おじさんからの手紙と本代としてのお金は、学校にとどきました。

> 夏休みは、何といっても海水浴、児童のみなさんはどれくらい海に行ったことでしょうね。
> 由良に行ったら羽黒町の子ども会の人たちがたくさんおりました。
> きっと、みなさんと会っているかもしれません。

手紙に書かれている「由良」とは、日本海に面した「由良海岸」にちがいありません。白い砂の砂丘がとてもきれいな、山形県を代表する海岸で、夏にはたくさんの海水浴客でにぎわうところです。

鶴岡のおじさんも家族を連れて、海水浴に来たのでしょう。一九七六年十二月の手紙に、子どもが生まれたことを書いていましたから、その子どもは四年生くらいになっているはずです。
羽黒町の子ども会が由良海岸に来ていると知ったおじさんは、手紙の終わりに、こう書いています。

海辺の遊び　知らずのうち友をさがす

（わたしもわが子と海辺で楽しく遊んでいますよ。そうしていても、知らず知らずのうちに、羽黒第四小学校のみなさんのすがたを、海辺にさがしてしまうのです。）

夏休みが明け、手紙を読んだ子どもたちはおどろきました。とくに、子ども会で由良海岸へ行った子どもは、とてもくやしがりました。
「えーっ、うっそ！」

「おれ、いたのに！」

　すぐそこに、自分たちがいるというのに、どうして声をかけてくれないんだろう。

　ある四年生の子は、「あれっ？」と思いました。

　あの日、砂浜(すなはま)で小さなカニを見つけたので、砂浜(すなはま)にあなをほり、カニを入れて遊(あそ)んでいたときでした。

「あっ、カニさんだ！　わたしもやりたい！」

　すぐそばで声がしたので顔を上げてみると、お父さんらしい人と手をつなぎ、にこにこわらっている女の子がいました。女の子のとなりには、お兄さんらしい男の子もいました。

「ねえ、ぼく。どこから来たの？　羽黒町(はぐろまち)？」

　その男の人は、四年生の子にむかってそう聞きました。

「うん！　みんなで来たんだ。カニだったら、あの橋(はし)の下にいっぱいいるよ。」

そう教えてあげたのです。由良海岸には、「おしま」とよばれる小さな島とを結ぶ橋がかかっていて、その橋の下にカニがたくさんいたからです。

「ありがとう。きみは、やさしい子なんだね。」

その人はにっこり笑ってそういって、子どもたちを連れ、橋のほうへと歩いて行きました。

やさしい子といわれ、てれくさくてぼーっとしていたら、カニはいつのまにかにげだしていました。

（あの人、鶴岡のおじさんだったりして！）

四年生の子は、どんな顔をしていたのか思いだそうとしましたが、思いだせませんでした。

一九八八年十月にとどいた手紙には、世界の発明王エジソンのことが書かれていました。

みなさんは、エジソンの伝記を知っていると思いますが、エジソンが小さいときは、本当に勉強ができなかったんですね。

しかし、他人に負けない努力と、失敗をおそれず一生懸命挑戦した結果、いろんな発明、発見をしましたね。

みなさんも努力次第で、だれにも負けぬ社会人になることができると思います。それは、自分自身の勉強に対する気の持ち方だと思います。

ぜひ、一日一冊の目標を決め、読書に挑戦してみてはいかがですか。

みなさんの読書している顔を思いうかべながら書きました。


電球などいろいろなものを発明したエジソンは、「なぜ？　どうして？」が口ぐせの、知りたがりやの子どもでした。

大人になって、電球の実験をしていたとき、何千回もの失敗をしますが、

「これは失敗ではない。うまくいかない方法が、何千個もわかったのだ」と、実験をあきらめませんでした。そうしてついに、何十時間も光り続ける電球を発明したのです。千をこえる発明をし、人びとのくらしをよりよいものにしようと努力しつづけたエジソンのことを、鶴岡のおじさんは子どもたちに伝え、一生懸命努力し、勉強に取り組んでほしいと願ったのでしょう。

また、手紙の最後には、こんなことばがありました。

> みんな一日の時間は知っている
> しかし一日の時間の大切さを知らない

時間の大切さを知ることは、時間の使いかたを見つめなおすことにもつながるはず。たった二行の短いことばですが、おじさんのメッセージが伝わってきます。

このとき、「おじさん文庫」の本の数は三〇〇冊をこえていて、「ノーベル賞を二回受賞した科学者＝キュリー夫人」や「伝染病に立ちむかった医学者＝野口英世」などの、伝記も多くありました。

「おれ、読んでみようかな、エジソン。」

「わたし、いろんな伝記を読もうっと！」

おじさんの手紙からメッセージを受け取った子どもたちは、さっそく図書室へ行きました。

いっぽう、おじさんのことが好きになればなるほど、自分たちの前にあらわれてくれないことを、ふしぎに思っている子どももいました。角田純喜くんです。

ある日、茶の間で本を読んでいたお姉さんに、純喜くんは聞きました。

「姉ちゃん、あのさ。」

「何？」

「鶴岡のおじさんって、ほんとうにいるのかな？」

「えっ？」

お姉さんは顔を上げました。

「いたら出てくるんじゃない？」

すると、お姉さんはけげんそうな目つきで、純喜くんを見つめました。

「どういうことよ？」

「校長先生とかがさ、ぼくたちに本を読ませたくて、おじさんに化けてるんじゃない？」

「何それ！」

あきれた顔をして、お姉さんはことばを続けました。

「そんなふうに思ったら、おじさん、悲しむでしょ。」

「だって！　ずっと出てこないんだよ。」

純喜くんも、みんなのように信じたいのです。

（なんかへんだよ。とってもよいことをしてるのに！）

本を買うためのお金を送ってくれる人がいることを、純喜くんが知ったのは小学校に入学してからです。毎月とどく手紙を楽しみにしていましたが、いつのころからか、どうして名前を明かさないのか、ふしぎに思うようになりました。

「純喜は、本がきらい？」

お姉さんのといかけに、純喜くんは大きく首をふりました。

「ううん。」

「おじさんのことは？　いないほうがいい？」

「ううん。いてほしい。」

「そうでしょ。おじさんが出てこないのは、何かわけがあるんだよ。出てこないことと、いないこととは、ぜんぜんちがうよ。信じて待っていようよ。」

お姉さんはにっこりしながらそういって、本にまた目を向けました。

「うん、そうだね。わかった！」

純喜くんは、そううなづきました。

一九九九年四月には、こんな手紙がとどきました。おじさんからの手紙が初めてとどいてから、もう二十五年です。

見えぬ山の子に、ふり返れば二十五年の赤い糸、自分自身でもここまで続いたものかと感心しており、小生を一度だけでもほめておこうという気持ちになりました。

月日は早いもので、今考えれば、単純な小生の考え方がここまで続いたのは、やはり児童の目に見えぬ笑顔と家内のはげましのおかげではなかったでしょうか。

給料をもらえば必ずみなさんの笑顔がうかぶようになり、無理なく手紙を出すことができました。

二十五年といえば、立派な大人になって企業や社会で大活躍している歳、あのときの子どもたちを思えば、たのもしくもうれしい感じでおります。

お給料をもらうたびに、よろこんでくれる子どもたちの笑顔がうかんだこと、おくさんがそばではげましてくれたことが、続ける力になったとはいえ、毎月休むことなく二十五年も続けることは、どんなにたいへんなことだっただろうと、どの先生も思っていました。

（すごい人だなあ。）

（ぼくには、まねできないなあ。）

（生活するだけでお金はかかるのに、他人のためにするなんて、とってもすごいことだわ。）

夏の由良海岸で見かけた子どもたちも大人になって、一生懸命はたらいているのではないかと、おじさんは想像しているのでしょう。

6　引きつがれ、読みつがれ

月日は流れていきましたが、手紙と本代としてのお金は、ずっととどきました。鶴岡のおじさんのあたたかい思いは、先生たちが学校をかわって出ていっても、新しくやってくる先生たちに、しっかりと引きつがれていました。小学校では、その手紙をきれいに整理し、ちゃんと保管していました。

二〇〇七年十一月には、おじさんからの手紙はすでに四〇〇通をこえ、本代としてとどいたお金は、一八〇万円。「おじさん文庫」の本の数は、一二〇〇冊になっていました。

そんなある日のことです。羽黒第四小学校の体育館には、たくさんの人が集まっていました。

これから、オペレッタ発表会があるのです。オペレッタとは、歌とダンスでストーリーが展開する、劇のこと。羽黒第四小学校では毎年のように、オペレッタ発表会を開いています。

二十四回目となる今回も、劇のストーリーやキャスティングは、六年生が中心になって考え、ステージ後ろの大きな絵や、小道具などは、子どもたち全員が力を合わせてつくりあげました。

一生懸命練習してきたことを、家族や地域の人たちの前で発表します。「鶴岡のおじさん」にもぜひ来てもらい、見てもらおうと、地元の新聞にのせてもらいました。

（おじさん、来て！）

（わたしたちががんばっているすがたを、見て！）

子どもたちだけではありません。お客さんたちもみんな、そう願っていました。

（おじさん、ぼくの子どもも読んでいるんですよ。ぜひ来てください。）

「おじさん文庫」を、親子二代で読んできた人もいました。

さあ、いよいよです。勇気と友情をテーマにしたオペレッタのまくが開き、大きなはく手がわき上がりました。

子どもたちはむねをはり、さっそうとステージへと向かいます。そして、それぞれの役になりきり、堂々と演じました。

おじさんは、見てくれたでしょうか？

しばらくして、子どもたちは「鶴岡のおじさん」へ手紙を書きました。とどけることのできない手紙ですが、心をこめて書きました。

> つるおかのおじさん、わたしたちは、オペレッタを見てもらいたくて、山形新聞さんやYBC山形放送さん、庄内日報さん、YTS山形テレビさんのご協力をいただいて、よびかけをしました。
> おじさん、かぜをひかないように気をつけてください。
>
> 三年　女子

みんなで心をこめてつくった、はり絵の「おじさん」（左）と、小学校が保管している、子どもたちが書いたおじさんへの手紙（下）。

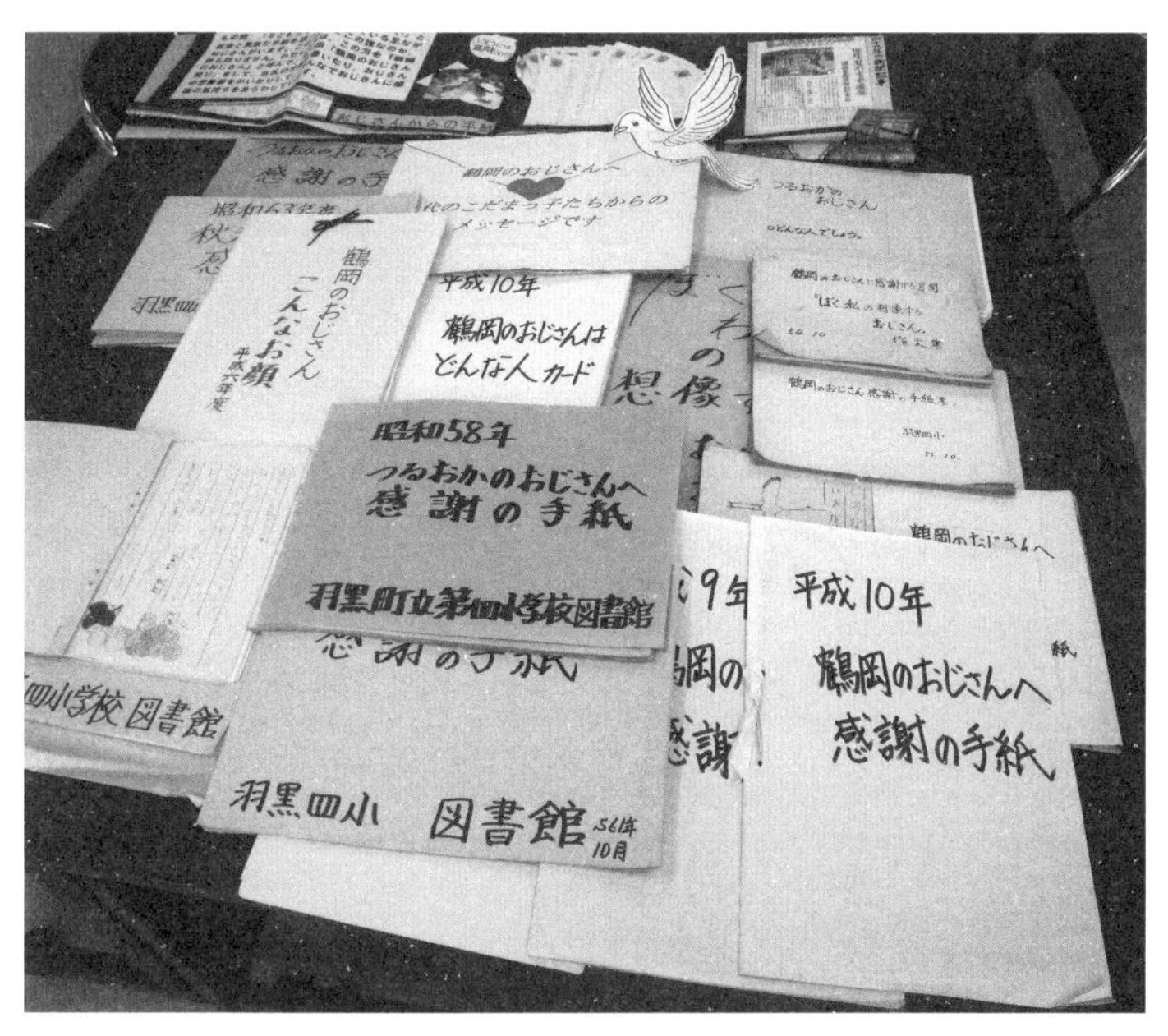

オペレッタ発表会を見てもらうため、地元のテレビ局や新聞社へはたらきかけをしたと書いています。

おじさん、オペレッタは、見に来てくださいましたか。わたしたち全校のみんなが必死に練習した宝物です。当日は、鶴岡のおじさんへの感謝の心をこめて、本番の演技にのぞみました。
いつもどこかで見守っている、やさしいおじさん。これからもみんなにゆめを配っていってください。いつもありがとうございます。

六年　女子

六年生にとっては、一年生から取り組んできた「オペレッタ発表会」は、これが最後。自分たちのがんばりを、おじさんに伝えたいという気持ちをこめました。

それから、見てくれたのなら教えてほしいといった手紙もあります。

オペレッタを見ていただけましたか。
見てくださっていたら手紙に書いてください。よろしくおねがいします。
六年　女子

消印(けしいん)にふれている手紙もあります。消印(けしいん)を見れば、どこの郵便局(ゆうびんきょく)が受(う)けつけた手紙なのか、わかるからです。また、おじさんがどんな仕事(しごと)をしているのか、気になっています。

つるおかのおじさんのてがみがはいったふうとうをみたら、秋田(あきた)などのいろいろな県(けん)の名前がかいてあって、おじさんはどんな仕事(しごと)をしているか、ふしぎに思います。

三年　男子

わたしはおじさんがすごいと思います。
秋田や仙台やいろんな所から送ってくるし、昭和時代からもお金を送ってくださっているからです。
だから、仕事も何をしているかとても気になります。

四年　女子

身近に感じているおじさんへ、今の自分の様子を知らせたいという思いを、素直に書いている手紙もあります。

ぼくは、毎日、としょしつの本をよんでいます。まだあつい本はよめません。でも、いまうすい本ならすらすらとよめるようになってきました。

一年　男子

読書が苦手（にがて）だったことを、正直にうちあけている手紙もあります。

本を読むのはあまり好（す）きじゃなかったけど、今は本を読むのが好（す）きになりました。

六年　女子

長い間、「おじさん文庫（ぶんこ）」が羽黒第四（はぐろだいよん）小学校の子どもたちに大切に読みつがれてきました。親子二代で親しんできた子どもの、わくわくした様子が目に見えるようです。

わたしのお父さんも、おじさんの本を読んでいたそうです！

四年　女子

たとえ、とどけられない手紙でも、おじさんと子どもたちを結ぶ、心のかけはしになっています。学校では、こうした手紙を校内にはりだしたり、「おじさんまつり」などで発表したりしています。

二〇一〇年の年が明け、こだまの里にもおそい春がやってきました。

ふきのとうが顔を出し、着る洋服も明るくなり、春のおとずれを感じる今日このごろです。

六年生のみなさん、ご卒業おめでとうございます。六年間おつきあいをいただき、ありがとうございました。

母校での生活はいかがでした。楽しかったですか。思い出をたくさんつくることができましたか。

四小のみなさんはどこの小学校よりもたくましく成長したことと思います。

こんどは中学生となりますので、社会の荒波に負けないゆめや希望をもって勉強や運動にはげんでください。

期待しております。

おじさんからの手紙はとどきましたが、おじさんがいったいだれなのか、なぞを残したまま、六年生は卒業していきました。

四月になり、今年もまた一年生が入学してきました。

今井祐花さんは、「鶴岡のおじさん」のことを、初めて知りました。ひとりで少しずつ本が読めるようになると、図書室に行くのが楽しくてたまらなくなりました。

井川愛翔くんは、バスケットボールやサッカーなどのボール遊びが大好き。休み時間には、友だちをさそって校庭にかけだします。

本を読むのは、ちょっと苦手だなあと感じていたある日のこと、なんとなく手にした本が赤丸シールつきの「おじさん文庫」でした。ページをぺらぺらめくってみて、少しだけ読んでみました。

「あれっ？　おもしろいぞ。」

愛翔くんはその日から、本に興味をもつようになりました。

丸山真白さんは、できるだけ毎日、本を読もうと思っています。おもしろくて、わくわくするからです。自分の知らないことがどんどんわかるようになることが、うれしくてたまらないのです。

小学校に夏休みがやってきました。子どもたちは、夏も元気です。水着を入れたバッグを下げて、学校のプールへと通います。

そんなある日、おじさんから手紙と本代としてのお金がとどきました。

> 夏休みがくると、みなさんの学校を思い出します。
> 今から数十年前の夏休み、みなさんの校庭にキャンプをはりました。そのとき、初めてみなさんの図書室を見て、本の少ないことを知りました。
> 児童数が少なくても、図書の充実をはからないと、他校の児童から負けてしまうと感じました。

手紙は、五七五の俳句でしめくくられていました。

かさね月　めぐるしあわせ　きみ思う

(毎月、手紙を書けるなんてとても幸せだなあ。わたしはあなたたちを思っていますよ。幸せは、そうやってめぐってきます。)

おじさんは子どもたちのことを思いながら、ペンを走らせているのです。その様子がうかんできて、あたたかい気持ちになります。子どもたちは、おじさんのやさしさを「本と手紙」を通して感じながら、学校生活を送っています。

きれいに整理された「おじさんの手紙」を熱心に読む子どもたち。

7　おじさん登場⁉

二〇一一年三月十一日に起きた東日本大震災は、東北地方の太平洋側に大きな被害をもたらしました。羽黒第四小学校のある地域もはげしくゆれましたが、被害はほとんどありませんでした。

四月には、おじさんからの手紙がいつもとかわらずとどきました。本代としてのお金も、同じようにそえられています。

新入生のみなさん、ご入学おめでとうございます。一日も早く友だちをつくり、四小でのびのび勉強と遊びにはげんでいただきたいものです。

たび重なる地震はおそろしいですね。

みなさんの学校、家庭は、だいじょうぶでしたか。東日本大震災では、津波で多くの方がなくなってしまいました。

命は大切にしなければなりませんが、自然の驚異には、どうすることもできませんね。

自分でできる最善の方法を、常に考えておくべきかもしれません。

桜の便りも、もうすぐですが、健康に留意し、活躍されることを願っております。


この手紙の消印は、なんと宮城県仙台市でした。

「無事なんだろうか?」

「手紙を出すことができたのだから、無事だよ。」

「仙台に家があるのかな?」

「仕事で、仙台に行っているのだろうか?」

先生たちはとても心配しました。

仙台市では、水道やガスなどのライフラインが切断され、生活用品もたりなくなり、大きなこんらんが起きていたからです。なくなった人も、ゆくえのわからない人もいました。

おじさんは手紙の中で、「命は大切にしなければならないけれど、地震などの自然災害は人の力ではどうすることもできない。でも、自分たちのできることを考えておきましょう。」と、うったえています。

手紙の最後には、俳句がそえられていました。

> あたらしき　とものえがおに　ゆめもらう

（新しく学校に入ってくる人たちを見てごらん。うきうきとして、うれしそうで、とってもはりきっているでしょ。そんな一年生のすがたから、わたしたちもゆめをもらいましょう！）

在校生に向けたメッセージでしょう。そんな手紙に、子どもたちだけでなく、先生たちもはげまされました。

けれど、このときおじさんがどんなにたいへんだったのか、わかっている人はいませんでした。それもそのはず。手紙には、自分のことはひと言も書かれていなかったからです。

地震が起きたその日、おじさんは避難してくる人たちを、仙台市内のコミュニティセンターへ受け入れていました。

「だいじょうぶですよ！　みなさん、おちついてください！」

家の様子が気になりましたが、帰るひまはありません。ぞくぞくとやってくる人たちは、地震でとても疲れていたからです。

つとめていた会社を定年でやめたおじさんは、仙台市内に住み、コミュニティセンターで運営委員長の仕事をしていました。おじさんや職員たちは、手分けして毛布を配ったり、たきだしをしたりして、一生懸命はたらいていたのです。

三日後、おじさんはやっと自分の家に帰ることができました。

おじさんの名前は、金野昭治さんといいます。

金野さんは、一九四七年、山形県東田川郡羽黒町に、四人きょうだいの末っ子として生まれました。お父さんは病気がちで、お母さんはぬいものの仕事をしていましたが、お米がなくなると、しんせきや近所の家に借りにいくような、まずしいくらしでした。

（うちはびんぼうだから、高校なんて行けない。早く、家族の役にたちたい！）

中学校を卒業したら、はたらこうと考えていた中学二年生の夏、担任の先生が家庭訪問にやって来ました。

「きみは、どの高校に入りたいの？」

先生にそう聞かれ、金野さんは首をふりました。

「ぼくは進学しません。中学を出たら、はたらきます。」

すると、先生はおどろいたような顔をしました。

「どうして？　勉強がきらいじゃないわよね？」

だまっている金野さんに、先生ははっとしたようにいいました。

「わかったわ。進学できる方法をいっしょにさがしましょう。」

しばらくたったある日のこと、金野さんは先生から職員室に来るようにいわれます。そこで、町の育英資金を借りることをすすめられました。

まずしくても高校へ行くことができるとわかり、金野さんは目の前がさっと開かれたような、晴れやかな気持ちになりました。

「ほんとですか、先生？　ぼくも、高校へ行けるのですか？」

もういちどたしかめたくて、金野さんは先生に聞きなおしました。

「ええ、ほんとうよ。先生といっしょに手続きをはじめましょう。借りたお金を返すのは、高校を卒業してはたらきだしてからでいいのよ。毎月、少しずつ返していくの。」

先生はにっこりほほえみました。

「これから、がんばって勉強しなくちゃね。だいじょうぶ？」

「先生、おねがいします！」

金野さんはそういって、頭を下げました。

その日から、金野さんは中学校の教室に残り、一生懸命勉強をしました。せまい家では、お母さんが近所の人を集めてぬいものを教えていたので、勉強する場所がなかったからです。

努力がみのり、山形県立の工業高校へと進むことができました。

ところが、悲しいできごとが金野さんをおそいます。病気がちだったお父さんが、なくなったのです。

くらしはますます苦しくなりました。

（高校をやめてはたらこうか。）

そんな気持ちが心をおおいはじめたときです。地域の郵便局が声をかけてくれました。夏休みなど、高校が休みのときに、アルバイトをしないかというのです。金野さんはすぐに返事をしました。

「ありがとうございます！　がんばります！　ぼくにやらせてください！」

金野さんはアルバイトをしながら、一生懸命勉強しました。

しんせきや地域の人たちも力をかしてくれ、家の田畑の仕事を手伝ってくれたり、いろいろ助けてくれました。

くらしは楽ではありませんでしたが、くじけそうになったときには、友だちがはげましてくれました。

「おまえはえらいな！　がんばれよ、金野。」

（ああ、ありがたい。みんなのおかげで、ぼくはやっていけるんだ。）

いつかきっと恩返しをしたい、そんな感謝の気持ちが、金野さんの心に芽生えていました。

山形県内の会社ではたらくことが決まった日、金野さんは自分にちかいました。

(地域から受けた恩を一生かけて返していく。)


高校を無事に卒業し、はたらきはじめて数年がたち、生活にも少しゆとりが出てきたころです。地域の青年部のなかまたちと行った羽黒第四小学校で、本の少ないことを知り、金野さんは心をゆさぶられました。

(羽黒第四小学校は、自分が卒業した小学校ではないけれど、子どもたちに本代としてのお金をとどけよう。それは、羽黒町の子どもたちの心を育むことになり、地域に恩を返すことになるのではないか。)

二十七歳の金野さんは、そう考えました。

目標は、月に二千円、一年で三万円としました。

(名前を書くのはやめよう。でも、ふうとうのうらがまっ白では、開けてもらえないかな?)

そこで、ふうとうのうらには、となり町の「鶴岡市」と書くことに決めました。

住んでいるのは、人口一万人の東田川郡羽黒町ですが、鶴岡市は人口九万人の大きな町です。その大きな町の中に、そっとまぎれこむことができると考えたのです。

お金を送りはじめるのは、小学校の年度初めがちょうどよい気がして、金野さんはキャンプをした次の年の一九七四年四月、羽黒第四小学校あてに手紙を出しました。二十八歳になっていた金野さんは、そのときの手紙に自分の気持ちを正直に書きました。

わたしは、父が他界してから※民生委員のお世話になり、育英資金を借り

> て学校を出ました。
> 社会から受けたあたたかいご恩に少しでもむくいたい。
> 幸い、卒業後、就職し、最近になってはじめて余裕ができたので、毎月、
> 本代を送ります。

金野さんが、羽黒第四小学校へ本代としてのお金を送り続けたのは、「地域から受けた恩を一生かけて返していく」という強い思いがあったからです。

二〇一五年二月のことです。地元の新聞に、「羽黒四小が二〇一六年四月に羽黒三小と統合」という記事がのりました。羽黒第四小学校は子どもの数が少なくなっているため、羽黒第三小学校と統合すると書いてあります。

「そんなの、うそだ！」

「やだよ、そんなの！」

子どもたちはとてもおどろきました。

今の五年生が六年生になり、小学校を卒業したあと、閉校するというのです。一年生から四年生までの子どもたちは、統合してできた新しい学校へと通わなくてはなりません。

春がまだ遠いこだまの里に、重たい空気が流れました。

そんなある日のことです。一通の手紙が羽黒第四小学校へとどきました。ふうとうのうらには、「金野昭治」と名前が書いてありました。


ぼくは、みなさんが「鶴岡のおじさん」とよんでくださっている者です。

手紙には、「羽黒第四小学校が閉校することを知り、名のりを上げることを決めました。今まで名のりを上げなかったのは、みなさんが思いえがいているゆめを、こわしてしまうのではないかと考えていたからです。」と書かれていました。

春休みが終わり、新学期をむかえた羽黒第四小学校は、「鶴岡のおじさん、名前と住所がわかる！」という明るいニュースでわきたちました。

「卒業する前にわかってよかったね。」

「うん。おじさんに会いたいね。」

六年生の丸山真白さんと今井祐花さんは、にこにこしながら話しています。

「おじさん、どんな人かなあ？」

三年生の百瀬蒼くんです。友だちの百瀬悠真くんもうれしそうです。

「背が高いのかな？　低いのかな？　めがねをかけているのかな？」

どのクラスでも、明るい話題でもちきりです。

「鶴岡のおじさん」からとどいた手紙は、四九〇通をこえ、本代としてのお金は、なんと二二〇万円。そのお金で買った本は、一四〇〇冊になろうとしていました。

羽黒第四小学校では、「鶴岡のおじさん」こと金野昭治さんを、小学校最後の「オペレッタ発表会」と「おじさんまつり」に招待することにしました。

こだまの里にふく風が、とてもさわやかな五月のある日、金野さんから手紙がとどきました。

> 山ではウグイスが歌い、里ではモンシロチョウがまい、さわやかな今日このごろです。
> 児童のみなさん、連休はいかがお過ごしでしたか。遠くへ行った人、友だちと近くで遊んだ人、楽しい思い出をたくさんつくったことでしょう。

今年は、みなさんからご招待を受けましたので、十月と十二月の行事に合わせて、おじゃましたいと思います。
お会いできることを、本当に楽しみにしております。

十月には「オペレッタ発表会」が、十二月には「おじさんまつり」がありま す。最後になるこの二つの大きな行事に、おじさんが来てくれると知った子どもたちは、とてもよろこびました。

※民生委員
生活保護・児童保護などの社会福祉活動を進めることを仕事としている人。

小学校に毎月数千円こつこつ送金40年

「子供たちに本を買って読ませてほしい」と、鶴岡市立羽黒第四小学校（同市羽黒町上野新田、児童24人）に匿名で約40年間にわたって毎月数千円を送金し続けた男性が、同校の閉校を知って名乗り出て、4日、児童と交流した。購入した本を「おじさん文庫」と名付けて読み継いできた児童たちは手紙と花束を手渡して感謝を伝えた。【長南里香、写真も】

男性は仙台市の元会社員、金野昭治さん(68)。旧羽黒町（現鶴岡市）生まれで、四小隣の旧広瀬小(現・市立羽黒第三小)を卒業した。1973年に町青年団のキャンプで母校の分校だった四小を訪れた際、図書が少ないことに心を痛めた。

高校生の時に父を亡くし、町の育英資金で勉強したという金野さんは「恩を地域に返したい」と翌年から毎月欠かさず数千円を送金。封筒の裏に「鶴岡のおじさん」と記し、子供たちに本を買ってほしいなどと書き添え、素性を一切明かさずに送り続けた。

今月までに届いた寄付は総額約220万円、購入した本は約1500冊に上る。

同小では毎年「おじさん祭り」と題した感謝のつどいを開き、本の感想を紹介したり、保護者による読み聞かせをしたりしてきた。だが、児童数の減少で同小は来年3月で閉校することに。これを知った金野さんが閉校

鶴岡のおじさん、本をありがとう！

来春閉校知り男性名乗り

児童が感謝の集い

を機に寄付にも区切りを付けることにし、今年3月、同小に本名で手紙を出したところ、学校側が「ぜひ児童に会ってほしい」と要望。10月、初めて児童との対面が実現し、この日は「おじさん祭り」に招待された。

6年の丸山真白さん(11)は「新しい本が入る度にとてもうれしかった。想像力と知識を深めてくれる本を40年間ありがとう」と感謝の言葉を述べた。

「こんなおじさんが名乗り出ることで子供たちの夢を壊すことにならないか心配だった」という金野さんだが、子供たちに会い「読書を通して夢や希望を持って努力することの素晴らしさを伝えられたと思い、うれしい」と話した。

四小は三小と統合し、学校名を広瀬小と変えるが、「おじさん文庫」は引き継がれる。

児童から読んだ本の感想を聞く金野昭治さん（右）

名のりでた「鶴岡のおじさん」と、子どもたちとの対面を報じる新聞記事。
（2015年12月7日・毎日新聞）

8　秋にとびらを開いたら

季節はめぐり、こだまの里に秋がやってきました。いねかりが終わった田んぼの上を、赤トンボが飛んでいます。秋がきたばかりだというのに、遠くに見える鳥海山は、雪で白くそまっていました。今年は冬になるのが早そうです。

二〇一五年十月十七日のことでした。今日は、羽黒第四小学校最後の「オペレッタ発表会」の日。体育館は、いつもの年よりもたくさんの人であふれていました。

「姉ちゃん、鶴岡のおじさんと、やっとやっと会えるよ！」

ドキドキしながら、おじさんの登場を待っているのは、大人になった角田純喜さんです。

「鶴岡のおじさんって、ほんとうにいるのかな？　校長先生とかがさ、ぼくたちに本を読ませたくて、おじさんに化けてるんじゃない？」

小学生のころ、そうお姉さんに質問した純喜さんは、子どもを自分と同じ、羽黒第四小学校に通わせています。璃空くんは五年生、愛桜さんは三年生です。「オペレッタ発表会」では、璃空くんは王子さまの役を、愛桜さんは海ぞくの役をします。

（姉ちゃんに、電話しなくちゃな。おじさんがあらわれたよって。）

びっくりしているお姉さんの顔が見えるようです。

「おじさんに、いよいよ会えるのね！」

にこにこしながら、となりの人と話しているのは、宮川千春さんです。宮川さんも羽黒第四小学校を卒業しました。むすめの結愛さんは一年生です。

宮川さんの心に、あるできごとがうかんできました。

夏休みのある日、宮川(みやかわ)さんは、くすくすわらいながら本を読んでいた結愛(ゆあ)さんに、声をかけました。

「楽しそうね。」

「うん。わたし、この本大好(だいす)きなの！」

結愛(ゆあ)さんは顔を上げました。

「あら！」

宮川(みやかわ)さんの目が、その絵本にくぎづけになりました。

「なつかしい！　ちょっと見せて。」

宮川(みやかわ)さんは絵本を手にとり、ひっくり返(かえ)したりもどしたりしながら、何度(なんど)も見なおしました。長い間、読みつがれてきたのでしょう。ところどころやぶれたところをなおしてあります。表紙(ひょうし)の色は、少し色がうすくなっていましたが、これにまちがいありません。

「お母さんも大好(だいす)きだったのよ！」

「えっ、ほんと？」

結愛さんはびっくりしたように、目を丸くしました。

「ええ、ほんとうよ。これって、おじさん文庫？」

「うん、そうだよ。ほら、赤丸シール！」

見れば、本の背に見おぼえのある赤丸シールがはってあります。

「結愛がわたしと同じ本を好きだなんて！」

宮川さんは、ふしぎな結びつきにおどろいたことを、わくわくしながら思いだしていました。


「鶴岡のおじさん」の登場を待ち、がやがやしていた体育館が、少しずつ静かになっていきます。

金野昭治さんは、河井校長先生の広い背中を見つめながら、大きく深呼吸をしました。

（ぼくの背中をおし続けてくれた子どもたちに、会えるんだ！）

仕事で苦しいことや悲しいことがあったとき、「がんばって」とはげましてくれたのは、こだまっ子たちでした。山あいの小学校で、自分の手紙を待っている子どもたちがいるのだと思うと、元気が出てきて、仕事をがんばることができたのです。

また、羽黒第四小学校は、四十一年前に自分がはじめた「本代としてのお金を送る」ことを、きちんと受け止めてくれただけでなく、自分に「ありがとう」の気持ちを伝えようと、「おじさんまつり」をしたり、新聞などでずっとよびかけたりしてくれていたのです。

（ぼくは、すばらしいものをもらい続けてきた！）

金野さんは、とびらの向こうの体育館で待っている子どもたちを思い、ほほえみました。

「さあ、金野さん、行きましょう！」

校長先生がにっこりしながらそういって、歩き出しました。
体育館のとびらが開きました！

最後のオペレッタ発表会の日。はく手を送るお客さんたち。

9　いつまでもわすれない

（きゃーっ！　鶴岡のおじさんだ！）
（本物だ！）
（ダンディー！）
（背が高ーい！）
（やさしそう！）
子どもたちは、手がいたくなるほどはく手しながら、心の中でさけんでいました。
お姉さんに電話して、この感動を伝えなくてはと思っているのは、角田純喜さんです。
（姉ちゃんがいった通り、信じて待ち続けてよかった！　最高の日だ！）

角田さんの手のひらは、はく手でまっ赤です。

（とうとう会えた！　わたし、おじさんの本をたくさん読みました！　むすめもです！）

宮川千春さんの手のひらもまっ赤です。

むかし、羽黒第四小学校で教えていた先生たちも来ていて、うれしそうに手をたたいています。卒業生や地域の人たちも、会場にいる全員が、「鶴岡のおじさん」の登場をよろこんでいました。

金野さんは感動で体がふるえました。校長先生の後ろから、ゆっくり歩いている自分を、みんなが見つめています。

歩いている間じゅう、みんなはにこにこしながら、ずっと目でおってくれています。

それに、こんなに大きなはく手は、今まで一度も聞いたことがありません。

このはく手は、自分をむかえるものだと思うと、金野さんは足がガクガクしました。

金野さんが用意されたいすにこしをおろしても、はく手はなりやみません。

子どもたちは目をかがやかせ、手をたたきながら、金野さんを見つめています。大人たちの中には、顔をくしゃくしゃにしながら泣いている人もいます。

（ずっと思い続けていた人が、今ここにいる！）

そのことに、会場の全員がむねを熱くしていました。

（やっと会えましたね！　いつも近くに感じていながらも、一度もすがたを見たことのなかった、あなたに！）

五、六年生の担任、齋藤和宏先生もそのひとりです。

校長先生から、「さあ、どうぞ。」とうながされた金野さんは、いすから立ちあがり、前に進みでて、話しはじめました。

「児童のみなさん、そして地域のみなさん、こんにちは。初めてみなさんにお会いすることができました。ありがとうございます。」

　金野さんの声がふるえています。

「児童のみなさんはほんとうに元気そうですね。笑顔がすばらしいです。うれしいかぎりです。みなさんが鶴岡のおじさんとよんでくれていた、金野昭治です。」

「こんのしょうじさんだって！」

　子どもたちは、にこにこしながら口ぐちにいいました。

「みなさんは、ぼくのことを一から十まで知りたいと思っているでしょうが、今日はみなさんのオペレッタ発表会ですので、くわしいことについては、十二月のおじさんまつりのときにもう一度来ますので、そのときにお話しさせていただきます。」

　会場は金野さんの話を聞こうと、シーンとしています。

「今日は三つについてお話しします。一つは、なぜ名前を公表したかです。

みんなの前でおだやかに話す、「鶴岡(つるおか)のおじさん」こと、金野昭治(こんのしょうじ)さん。

二つ目は、本代を送るようになったきっかけです。三つ目は、学校のことです。」

　学校が閉校することを新聞で知り、子どもたちのいないところにお金を送ることはできないので、名前を明かしたこと。ずっと名前を書かずにいたのは、続けていけるかどうか、とても不安だったから。

　地域からいろいろなご恩をいただいたので、恩返しをしようと思っていたとき、本の少なさを知ってびっくりしたことを。

　おだやかな話しぶりに、子どもも大人もひきこまれていきました。

「似顔絵をかいてもらったり、オペレッタ発表会やおじさんまつりを開いていることは知っていましたが、自分が出ていくことで、みなさんのゆめをこわしてはいけないと思っていました。」

　金野さんはことばを続けます。

「ぼくはみなさんからすばらしいものをいただきました。社会に出てつらいとき、苦しいとき、悲しいときなどたくさんありましたが、そんなとき、ぼくの背中には数十人の山の子どもたちがいるのだと思うと、勇気と元気をもらって仕事ができるようになりました。それから、羽黒第四小学校が、ぼくの行いを受け入れてくれました。みなさん、ありがとうございました。」

　そういっておじぎをする金野さんに、ふたたび大きなはく手がわきました。

　さあ、いよいよ、羽黒第四小学校最後のオペレッタ「ドルフィンランドの伝説」がはじまります。

「本日は、第三十二回こだまの里のオペレッタ発表会へ、ようこそおいでいただきました。鶴岡のおじさんをはじめ、たくさんのお客さま、ありがとうございます。」

　司会のひとり、保安官の衣装に身をつつんだ、六年生の丸山真白さんの、はぎれのよい明るい声がひびきわたりました。

「昭和五十七年からはじまった、こだまの里のオペレッタ発表会は、三十二回目をむかえました。」

そう続けるのは、もうひとりの司会、花屋の衣装をつけた、今井祐花さんです。

「今年も六年生を中心に、全校二十四名が心を一つにして、練習にはげんできました。その成果をごらんいただきたいと思います。」

今日のこの日をむかえられたうれしさが、ふたりの声から感じとれるようです。ふたりは、顔を見あわせほほえみあいました。

司会のことばは、さらに続きます。

自分たちは羽黒第四小学校が大好きなこと。

小学校にかかわってくれたすべての人に、ありがとうのメッセージを伝えたいこと。

小学校はなくなっても、この大切な場所で生まれたきずなの力はなくならないこと。

そして、これらのことを、心を一つにした演技や歌を通して、みんなにとどけたいと思っていること。

「おじさん文庫」と長く親しんできた六年生は、シナリオづくりにもかかわってきました。演技やおどり、歌はもちろん、小道具なども、みんなで力を合わせてつくりあげてきたのです。

それから、どの役だったら、その子が一番かがやくのかをイメージしながら、キャスティングしました。

「小学生のみなさんは！」

祐花さんの大きな声に、会場にぴりっとした空気が流れました。

「準備をしてください！」

するとどうでしょう。

「はい！」

子どもたち全員が立ちあがりました。

第七部まである、一時間三十分にもわたるオペレッタが終わったとき、会場からは大きなはく手がわきあがりました。

金野さんの胸は、感動でいっぱいでした。

（なんてすばらしい！　この子たちはどんなにたくさん練習したことだろう。すごい表現力だ。おじさん文庫の本が少しでも役にたっていたのなら、こんなにうれしいことはない。）

海ぞくにうばわれそうになったドルフィンランドとは、ここ、こだまの里のことでしょうか。心を一つにし、みんなで力を合わせて、ドルフィンランドを守りきることができました。

自分の役になりきって、演じきった子どもたちの顔は、きらきらとかがやいています。それをたたえるはく手は、いつまでもなりやみませんでした。

オペレッタ「ドルフィンランドの伝説」を一生懸命演じる、羽黒第四小学校の子どもたち。

こだまの里に冬がやってきました。

二〇一五年十二月四日、最後の「おじさんまつり」に招待された金野さんは、最後の手紙を校長先生へ手わたしました。

「おじさんまつり」の司会は、「どうしてもぼくたちがやるんだ！」と手をあげた、三年生の百瀬晃清くんと、百瀬悠真くんです。この日のために、自分たちが中心になって、会の用意をしてきました。

折り紙などでつくったかざりで、教室のかべや黒板をきれいにかざりつけました。おじさんからもらった手紙や、みんながかいたおじさんの似顔絵もはりました。

おじさんへ、ありがとうの気持ちをせいいっぱいあらわそうと思っています。

（おじさんだ！　かっこいい！）

悠真くんは、教室に入ってきたおじさんを見ておどろきました。

（みんながいってた通りだ！）

オペレッタ発表会の日は、熱が出て学校を休んだので会えませんでした。

（ぼくも会えた！　おじさんによろこんでもらうぞ！）

悠真くんのマイクを持つ手に力が入ります。

さあ、最後の「おじさんまつり」のはじまりです。教室のまどからは、冬のやわらかなひざしがさしこみ、今日の日をお祝いしているかのようです。

♪いま　かみしめる
読書の　楽しさと
おじさんの　大きな愛

ビリーブという楽曲に、子どもたちがつくったオリジナルのことばをのせ、みんなで歌います。

先生たちや、仕事を休んでかけつけた宮川千春さんも、子どもたちと気持ちを合わせ、いっしょに歌います。

♪ぼくたちに　教えてくれたこと
いつまでも　わすれない

心が一つになったきれいな歌声は、こだまの里の空に、明るくこだましていきました。

目をうるませ、うなずきながら聞いていた金野さんのくちびるが動きました。

――ありがとう、みなさん。――

金野さんの心は、今日の空のように、すっきりと晴れあがっていました。

もうこれで全部終わってしまうというさびしさは少しありましたが、自分が

いっしょにおいしい給食を食べる、金野昭治さんと子どもたち。

やってきたことにきちんとけじめがつき、ほっとしていました。

「では、鶴岡のおじさんのお話を聞きましょう。おじさん、お願いします。」

悠真くんがハキハキといいました。

金野さんはみんなにおじぎをすると、にこやかに話しだしました。

「四十二年間、みなさんにお手紙を書くことができました。ゆめや、希望や、目標をもつこと、そして、努力することをみなさんに伝えることができたとしたら、おじさんのゆめはかなったのかなと思います。」

金野さんに、子どもたちからプレゼントがわたされました。子どもたちが一生懸命書いた最後の「お礼の手紙」と、きれいな花束です。

大きなはく手がわきあがりました。

金野さんは、子どもたち一人ひとりとあく手をかわしました。

そして、子どもたちが手をつないでつくってくれたトンネルを、にこにこしながらくぐっていきました。

最後の「おじさんまつり」で、子どもたちを前にして話す、金野昭治さん。

子どもたちから金野さんへプレゼント。お礼の手紙ときれいな花束。

五〇一通目となった最後の手紙には、「ありがとう」があふれていました。

オペレッタ発表会にまねいてくれて、ありがとう。
すばらしい思い出をつくってくれて、ありがとう。
自分の思いを受け止めてくれて、ありがとう。

そして、結びには、五七五の俳句が一句。

別れても　心の絆　とわにさく

（たとえわたしたちがわかれても、わたしたちの心にさいた花は、永遠にさき続けます。）

二〇一六年、サクラのつぼみがふっくらとふくらんだ春、四月。

「おはよう！」

「おはよう！」

さやわかな朝です。スクールバスの停留所に、こだまっ子たちの明るい声がひびきわたっています。

これから、統合してできた新しい小学校へ登校するのです。

子どもたちは、にこにこしながらスクールバスに乗りこみました。

「おじさん文庫」とふれあい、本が大好きになったこだまっ子たちを乗せたスクールバスは、鶴岡市立広瀬小学校をめざし、サクラ並木の中を走り出しました。

未来へはばたけ　こだまっ子

大きな夢と希望を胸
ありがとう！

あとがき

羽黒第四小学校を初めてたずねたのは、閉校が一か月後にせまった冬のことでした。

明るいふんいきの図書室には、赤丸シールのはられた本がきちんとならんでいて、「おじさん文庫」がとても大切にされているのが、一目でわかりました。

山あいの、この小さな小学校に、サクラの花がちらほらとさきだした一九七四年の四月、差し出し人の名前のない手紙がとどきました。

「毎月、本代を送ります。」

四十二年間という長きにわたり、「鶴岡のおじさん」と名づけられたその人から、月に一回とどいた手紙は、全部で五〇一通。

本代としてのお金は、二二〇万円をこえ、そのお金で買った本は、一四〇〇冊にものぼります。手紙はいつもきれいな字でていねいに書かれ、その内容は、季節のあいさつからはじまった、子どもたちの心と体の健康を気づかい、本を読むことの大切さを伝える、心あたたまるものでした。

子どもたちは、月に一回本代を送ってくれる「おじさん」へ、ありがとうを伝えるために、想像した「おじさん」の似顔絵と手紙をかき、「おじさんまつり」を開きます。

最後の「おじさんまつり」から、三か月後の二〇一六年三月、羽黒第四小学校は閉校しましたが、地域の活動センターとして生まれ変わることが決まっています。大切な「おじさん文庫」は、その中におさめられることになりました。

小学校はなくなりましたが、「おじさん文庫」は、こだまの里に受けつがれ、子どもたちや地域のみなさんの心のよりどころとして、存在し続けていくことでしょう。

今、こだまっ子たちは、羽黒第四小学校で育んだ宝物を心にいだきながら、統合されてできた鶴岡市立広瀬小学校へと元気に通っています。

「鶴岡のおじさん」こと、金野昭治さんに初めてお目にかかったとき、想像していた以上におだやかで上品なお人がらで、わたしは胸をうたれました。

手紙のやりとりをさせていただいたり、心あたたまるお話もたくさんうかがうことができました。

こだまっ子たちに何かメッセージをくださいますか、とお願いしたとき、金野さんは晴れやかな表情で、「もうありませんよ。」と、ほほえんでいらっしゃいました。

地域から受けた恩を一生かけて返していく、という思いをかなえるために、目標に向かって努力し続け、そして、自分の行いにきちんとけじめをつけた人ならではのことばだと、わたしはとても感激しました。

本書をまとめるにあたり、当時の羽黒第四小学校の校長、河井伸吾先生、教頭の佐藤寿尚先生、齋藤和宏先生にとてもお世話になりました。ありがとうございました。

かわいくて元気で、はずむようなこだまっ子たち、そして、地域のみなさん、ずっとはげまし続けてくれた内田直子さんにも、心からお礼を申し上げます。

二〇一八年　初秋

深山さくら

深山さくら（みやま　さくら）
山形県生まれ。『おまけのオバケはおっチョコちょい』（旺文社）でデビュー。『かえるのじいさまとあめんぼおはな』（教育画劇）で第19回ひろすけ童話賞受賞。『ぼくのつばめ絵日記』（フレーベル館）、『かかしのじいさん』『なかよしヤギ一家のECOプロジェクト』（以上、佼成出版社）、『ぼくらのムササビ大作戦』（国土社）など、童話や絵本、ノンフィクションの著書多数。子どもたちの心にほのぼの色の花を咲かせられるような情趣に富む作風を目指し執筆中。一般社団法人 日本児童文芸家協会会員。

【取材協力】
山形県鶴岡市立羽黒第四小学校／児童、保護者の皆さん

【写真提供】
佐藤寿尚先生／ユニオン・エンタープライズ株式会社
山形新聞社／毎日新聞社

【参考文献】
鶴岡市立羽黒第四小学校　閉校記念誌『こだまの里』（鶴岡市立羽黒第四小学校・閉校記念事業実行委員会）／学校に届いたおじさんからの手紙と、子どもたちがかいた手紙と似顔絵（羽黒第四小学校保管）

〈文研ブックランド〉
大好き！　おじさん文庫

2018年9月30日　第1刷
2019年4月30日　第2刷
ISBN978-4-580-82353-2
NDC 916　A5判　128P　22cm

著　者　深山さくら

発行者　佐藤諭史

発行所　文研出版　〒113-0023　東京都文京区向丘2－3－10　☎(03)3814-6277
〒543-0052　大阪市天王寺区大道4－3－25　☎(06)6779-1531
http://www.shinko-keirin.co.jp/

編集協力　内田直子

表紙・扉 デザイン　鈴木守デザイン室

印刷所／製本所　株式会社太洋社